オールカラー

超入門！書いて覚える

フランス語

ドリル

音声
DL版

白川理恵

［著］

ナツメ社

はじめに

　ようこそ、はじめて学ぶ方のための「超入門！　書いて覚えるフランス語ドリル」へ。この本は「まずはまねをしてみる」ことで、フランス語を基礎から学べるように構成されています。音にあわせて発音をまねしたり、なぞり書きでドリルに書き込んだり、どうぞ気楽な気持ちではじめてみてください。

　第1章ではフランス語の発音のルールを、第2章では基本の文法を学びます。第3章では、旅行や日常生活で使えるフレーズを勉強していきます。フランス語の発音は、慣れるまで少し難しく感じることがあるかもしれません。そんなときは、第1章をさいごに勉強するのもひとつの方法です。

　音声は繰り返し聞いて発音をまねしてみてください。動詞の活用はリズムよく繰り返すと、歌を覚えるときのように頭で考えるよりも口が先に覚えてくれることでしょう。同じように、ドリルもスペースが許すかぎり何度でも書いてみてください。頭で考えるよりなんとなく手が動くようになればしめたもの。音を聞き、発音し、文字を読み、書いてみる、この4つのサイクルがうまく回り、相乗効果でどんどんわかるようになるのを実感してもらえたら、これほどうれしいことはありません。

　楽しいヴィジュアルのイラストとともに、こうして身につけたいくつかのフレーズが、実際の旅行や生活の会話のなかで「自然に聞けた」、「いつのまにか口から出てきた」、「単語がポンと頭に浮かんだ」となったら最高です。その効果を実感してもらえる日が早く訪れますようにと願っています。

白川理恵

目　次

Chapitre 1　フランス語のつづりと発音

Chapitre 2　フランス語の基礎文法

Chapitre 3　フランス語の重要フレーズ

⭐ イラスト単語集 ⭐

本書の使い方

本書は効果的に初級フランス語を習得するため、3つの章から構成されています。
音声も活用しながら、正しい発音を身につけましょう。

Chapitre1 フランス語のつづりと発音

フランス語の文字であるアルファベのつづりや、母音や子音の発音、また連音などの発音の規則を学習します。

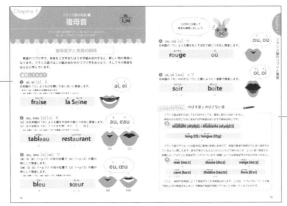

❶ 解説

フランス語のつづりと発音について、ポイントを絞って解説しています。

❷ COLONNE

つづりと発音について、知っておくとよいことがらをまとめたコラムです。

Chapitre2 フランス語の基礎文法

名詞、形容詞、動詞などの品詞や、肯定文、疑問文、否定文などの基本構文を学習します。

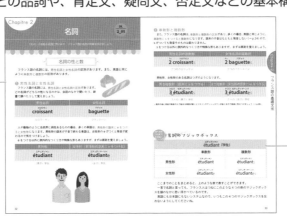

❶ 解説

基本文法のルールを、例文や単語を交えて解説しています。

❷ マジックボックス

名詞の性と数や、人称による変化のルールがひとめでわかるマジックボックスです。

DL
0_00

音声ダウンロードについて

音声ファイルはナツメ社のウェブサイト（https://www.natsume.co.jp）の「音声 DL 版 オールカラー 超入門！書いて覚えるフランス語ドリル」のページよりダウンロードできます。

ファイルを開く際には以下のパスワードをご入力ください。

パスワード：bP3CBaSj

ダウンロードした音声は、パソコンやスマホの MP3 対応のオーディオプレーヤーで再生できます。

※ダウンロードした音声データは本書の学習用途のみにご利用いただけます。データそのものを無断で複製、改変、頒布（インターネット等を通じた提供を含む）、販売、貸与、商用利用はできません。
※ダウンロードした音声データの使用により発生したいかなる損害についても、著者及び株式会社ナツメ社、ナツメ出版企画株式会社は一切の責任を負いかねますのでご了承ください。

Chapitre3 フランス語の重要フレーズ

フレーズを覚えながら、日常会話でよく使う表現を学習します。
基本動詞の意味と活用や疑問詞の使い方を押さえて、さまざまな場面で使えるようになりましょう。

❶ メインフレーズ

そのレッスンで学ぶ文法事項を含んだ例文です。まずは、このフレーズを丸覚えしましょう。

❷ Point

そのフレーズのキーとなる動詞や疑問詞などの意味や使い方を解説しています。

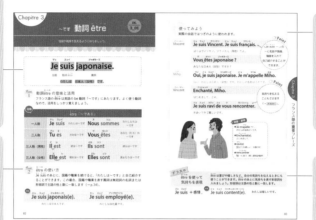

❸ 使ってみよう

会話のなかでメインフレーズがどのように使われるか、音声を聞いて確認しましょう。

❹ プラスα

学習を一歩進めるための知識です。

ドリル

2章と3章にはドリルがついています。単語や例文をなぞり書きしたり、問題を解いたりして知識を定着させましょう。

❶ 活用を覚えよう

動詞の活用をなぞり書きして覚えましょう（3章）。

❷ 書いてみよう

単語や例文をなぞり書きしてみましょう。

❸ 解いてみよう

練習問題を解いて、知識を定着させましょう。

❹ 聞き取ろう

音声を聞いて、書き取る問題にチャレンジしましょう。

備考

◆ **発音について**

本書は初学者にも学習しやすいように、フランス語にカタカナでよみがなをふっていますが、発音は完全に一致するものではありません。フランス語の発音を聞き慣れてきたら、できるだけよみがなに頼らずに発音するようにしてください。

◆ **リエゾン、アンシェヌマンについて**

本書の解説ページでは、発音練習の補助として、リエゾンとアンシェヌマンをともに‿で表しています。ただし、これは実際には書かないものなので、ドリルページでは表記していません。

◆ **数字について**

本書の p.28-29 では、新正書法を採用していますが、現在は新正書法、旧正書法ともに使用されます。

Chapitre 1
フランス語のつづりと発音

ラ　フォネティック
La phonétique

フランス語のアルファベのつづりや
発音の規則を学習します。
音声を聞いて
フランス語らしい発音を身につけましょう。

アルファベとつづり字記号

フランス語のアルファベとつづり字記号を覚えましょう。

アルファベ

フランス語も英語と同じ 26 文字のアルファベットを使います。alphabet とつづり、アルファベと発音します。

ア **A a**	ベ **B b**	セ **C c**	デ **D d**	ウ **E e**	エフ **F f**	ジェ **G g**
アッシュ **H h**	イ **I i**	ジ **J j**	カ **K k**	エル **L l**	エム **M m**	エヌ **N n**
オ **O o**	ペ **P p**	キュ **Q q**	エール **R r**	エス **S s**	テ **T t**	ユ **U u**
ヴェ **V v**	ドゥブルヴェ **W w**	イクス **X x**	イグレック **Y y**			ゼッド **Z z**

英語と文字は一緒でも、読み方がちがうんですね。

つづり字記号

この 26 文字以外に、つづり字記号と呼ばれる記号がついた文字があります。これは強く発音するというアクセントの記号ではなく、ほかの文字と区別するつづり字上の記号です。大文字についているつづり字記号は省略できます。

名称	つづり字記号がつく文字	発音上の留意点
アクサン・テギュ	É é	
アクサン・グラーヴ	À à È è Ù ù	詳しい発音については、母音のページで個別に学びます（→ p.11-15）。
アクサン・スィルコンフレックス	Â â Ê ê Î î Ô ô Û û	
トレマ	Ë ë Ï ï Ü ü	前の母音とは切り離して発音します。
セディーユ	Ç ç	a,o,u の前で、[k] ではなく、[s] で発音します（→ p.21）。

このほかに、つづり字記号ではありませんが、Œ œ（オ・ウ・コンポゼ）があります。

✒ 書いてみよう

❶ 下の表のアルファベをなぞり書きしましょう。

A a	B b	C c	D d	E e	F f	G g
H h	I i	J j	K k	L l	M m	N n
O o	P p	Q q	R r	S s	T t	U u
V v	W w		X x		Y y	Z z

❷ 音声のあとに続いて発音をまねてみましょう。 DL 1_02
また、単語をなぞり書きしましょう。

テ **thé** 紅茶	ア パリ **à Paris** パリへ	ペール **père** 父親
ウ **où** どこ	パティスリ **pâtisserie** 菓子	テット **tête** 頭
イル **île** 島	オテル **hôtel** ホテル	スュール **sûr** 確かな
ノエル **Noël** クリスマス	ナイフ **naïf** お人好しの	エギュ **aigüe*** するどい
フランセ **français** フランス人	ブフ **bœuf** 牛肉	

* aigüe は形容詞の女性形（→ p.41）で男性形は aigu です。なお、旧正書法では、男性形 aigu/ 女性形 aiguë とつづります。現在は、新正書法 aigüe、旧正書法 aiguë ともに使用されています。

アルファベとつづり字記号は
見慣れましたか？
つぎのページから
発音のルールを学びます。

フランス語の母音 ❶
単母音

フランス語の母音は日本語の母音よりも数が多いです。
日本語にない発音もあるので、ここでしっかり学んでおきましょう。

フランス語の母音

このページでは母音の発音記号を学びます。フランス語には 12 種類の母音
（→ p.11-15）があります。また、この 12 種類の母音に加えて、4 種類の鼻母音
（→ p.16-17）がありますので、実際には全部で 16 種類の母音があります。

まずは下図で、母音の発音記号の全体像を見てみましょう。この図の垂直方向は口
の開きを示し、下に行くほど口を縦に大きく開けることを表しています。また、水平
方向は舌の位置を示し、右に行くほど舌が口の奥にあることを表しています。

母音の発音記号の全体像

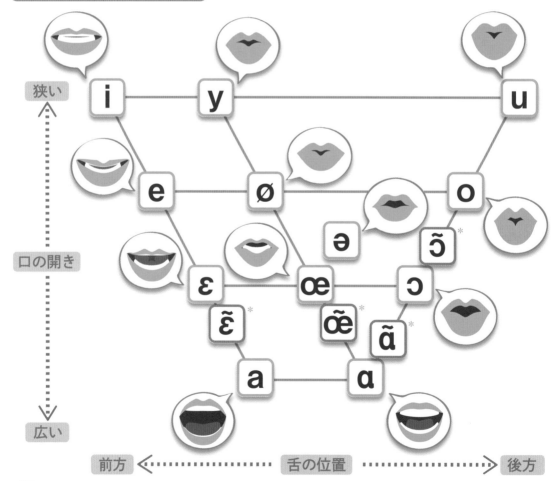

* ⁓ は鼻母音を表しています（→ p.16-17）。

単母音字と発音の関係

　26 文字のアルファベのうち、1 文字で母音の発音になるものを単母音字と言い、全部で 6 つあります（a,e,i,o,u,y）。また、その母音につづり字記号（´, `, ^, ¨）がついたものも母音として発音します。

　ただし、同じ単母音字でも単語のなかで読まれるときに発音が異なるものがあるので注意しましょう。

練習してみよう

❶ i, î, y [i]　イ
日本語の「イ」よりも唇を横に引いてするどく発音します。

ヴィ
vie
人生、生活

ニム
Nîmes
ニーム（地名）

スティロ
stylo
ペン

❷ e, é [e]　エ
日本語の「エ」よりも唇を横に引いてするどく発音します。

セ
ces
これらの

エテ
été
夏

❸ e, è, ê [ɛ]　エ
日本語の「エ」よりも口を開いてあいまいに発音します。

アヴェク
avec
〜と一緒に

トレ
très
とても

フネートル
fenêtre
窓

❹ a, à [a] ア

日本語の「ア」よりも口を開いて発音しますが、ほぼ同じ発音で問題ありません。舌先が下前歯の裏側にあたっています。

アルブル **arbre**	ラ **là**
木	あそこ

❺ o, ô [o] オ

日本語の「オ」よりも唇をすぼめて前につき出し発音します。

モ **mot**	コテ **côté**
言葉	～側

❻ o [ɔ] オ

日本語の「オ」よりも口を開いてあいまいに発音します。

エコル **école**
学校

❼ a, â [ɑ] ア

日本語の「ア」よりも口を開き、唇を丸めにして発音します。舌は下前歯から離れて奥にあります。

クラース **classe**	アージュ **âge**
クラス	年齢

[a]と[ɑ]は次第に区別されなくなり、どちらも [a] と発音されることが多くなってきています。

❽ u, û [y] ユ

フランス語の［i］「イ」（→ p.11）の舌の位置で［u］「ウ」
（→ p.15）の唇の形にして発音すると「ユ」と発音できます。

サリュ
salut
やあ

ミュール
mûr
熟した

❾ e [ə] ウ

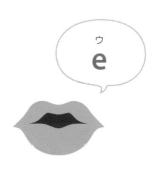

力を抜いて、小さく「ウ」と発音します。日本語の「ウ」に
近いです。

プティ
petit
小さい

［e］と［ɛ］、［o］と［ɔ］の
ちがいが難しいですね！
口の開き方がポイントです。

COLONNE　発音記号あれこれ

　発音記号は、英語と同じように［　］で表記されます。長音記号（のばす音を表す）も英語と同じ［:］
で表記されます（辞書によっては長音記号を用いません）。英語にはないのが鼻母音（→ p.16-17）の［˜］
の表記です。

　本書では、発音記号に触れながら、フランス語に特有の発音方法を紹介しています。音声を何度も
聞いて口の開き方と舌の位置に注意しながら練習してみてください。辞書で新しい単語を調べるとき
には、意味を確認するだけでなく、発音記号も確認しながら、フランス語らしい発音に早めに慣れて
いきましょう。

　英語の単語と同じようなつづり字が数多くあるフランス語ですが、英語の発音からいち早く脱出す
ることが、フランス語の上達への早道ですよ！

フランス語の母音 ❷

複母音

DL
1_04

フランス語では母音が2つ（または3つ）並ぶとき、
まとまって別の1つの音になります。

複母音字と発音の関係

　単語のつづり字で、母音を2文字または3文字組み合わせると、新しい別の発音になります。フランス語ではこの組み合わせのつづり字を複母音字、そしてその発音を複母音と呼んでいます。

練習してみよう

❶ ai, ei [ɛ] エ

日本語の「エ」よりも口を開いてあいまいに発音します。
＊まれに [e] と発音される場合もあります。
＊ [e] は狭い「エ」、[ɛ] は広い「エ」の発音になります（→p.11）。

エ　エ
ai, ei

フレーズ **fraise**	ラ セーヌ **la Seine**
イチゴ	セーヌ川

❷ au, eau [o] [ɔ] オ

[o] は日本語の「オ」よりも唇をすぼめて前につき出し発音します。
[ɔ] は日本語の「オ」よりも口を開いてあいまいに発音します。
＊ [o] は狭い「オ」、[ɔ] は広い「オ」の発音になります（→p.12）。

オ　オ
au, eau

タブロー **tableau**	レストラン **restaurant**
絵	レストラン

[o]　　　[ɔ]

❸ eu, œu [ø] [œ] ウ

[ø] は [e] （→p.11）の舌の位置で [o] （→p.12）の唇の形にして発音します。
[œ] は [ɛ] （→p.11）の舌の位置で [ɔ] （→p.12）の唇の形にして発音します。
＊ [ø] は狭い「ウ」、[œ] は広い「ウ」の発音になります。

ウ　　ウ
eu, œu

ブルー **bleu**	スール **sœur**
青	姉、妹

[ø]　　　[œ]

口の形に注意して
発音を練習しましょう。

❹ ou, où [u] ウ

ウ　　ウ
ou, où

日本語の「ウ」よりも唇を丸くすぼめて前につき出し発音します。

ルージュ	ウ
rouge	**où**
赤	どこ

❺ oi, oî [wa] ォワ

オワ　オワ
oi, oî

日本語の「オ」の口から「ワ」と開くように一音節で発音します。

ソワール	ボワット
soir	**boîte**
夕方、夜	箱

 COLONNE　のばす音とのばさない音

フランス語は音をのばしてものばさなくても、意味に変わりはありません。
男性形が女性形になると音をのばす単語がありますが意味は同じです。

 例

エテュディヤン　　　　　　　　　　エテュディヤーント
étudiant [etydjɑ̃] / étudiante [etydjɑ̃ːt]
学生

ロン　　　　　ローング
long [lɔ̃] / longue [lɔ̃g]
長い

フランス語のアクセントは基本的に最後の音節にあるので、単語の最後の音節が少し長く発音され
ているように聞こえます。語末の音が [r][z][ʒ][v][tr][vr] などで終わるとき、とくに長く発音され、
辞書によってはそこに長音記号 [ː] がついています（辞書によっては長音記号そのものがありません）。

例

メール	ドゥーズ	ネージュ
mer [mɛːr]	**douze [duːz]**	**neige [nɛːʒ]**
海	12	雪

カーヴ	テアートル	リーヴル
cave [kɑːv]	**théâtre [teɑːtr]**	**livre [liːvr]**
地下貯蔵庫、ワインカーヴ	劇場	本

ただし、後続する単語によって長音がなくなる単語もあります。これは、リズムグループ（＝文章
で読むときの単語のまとまり）の最後の単語の音節にアクセントが移ってしまうためです。

DL
1_05

フランス語の母音 ❸
鼻母音

母音字（1つまたは2つ）に m または n が続くと、
鼻にかかる音になります。

鼻母音のつづり字と発音

　これまで単母音と複母音で見てきた 12 種類の母音に加えて、フランス語には鼻母音と呼ばれる、鼻にかかる音を出す母音が 4 種類あります。

　母音の発音記号の全体像（→ p.10）を見ながら、発音の練習をしてみましょう。

練習してみよう

❶ am, an, em, en [ɑ̃] アン

母音 [ɑ] の口の形（→ p.12）をつくり、息を鼻と口の両方から同時に出して、鼻に音が響くように発音します。

ラーンプ **lampe**	ダン **dans**
ランプ	〜のなかに
タン **temps**	アンコール **encore**
時間、季節、天気	まだ、もっと

アン　アン
am, an,
アン　アン
em, en

❷ im, in, aim, ain, eim, ein, ym, yn [ɛ̃] アン

母音 [ɛ] の口の形（→ p.11）をつくり、息を鼻と口の両方から同時に出して、鼻に音が響くように発音します。[ɛ] の鼻母音ですが、実際は「エン」よりも「アン」に近い音です。

サーンプル **simple**	ヴァン **vin**	ファン **faim**	ドゥマン **demain**
単純な、簡単な	ワイン	空腹	明日
ラーンス **Reims**	パーントル **peintre**	サンボル **symbole**	サンドローム **syndrome**
ランス（地名）	画家	シンボル	症候群

アン　アン　アン　アン
im, in, aim, ain,
アン　アン　アン　アン
eim, ein, ym, yn

❸　**um, un** [œ̃]　アン

母音 [œ] の口の形（→ p.14）をつくリ、息を鼻と口の両方から同時に出して、鼻に音が響くように発音します。[œ] は [ɔ] の唇の形（→ p.12）なので、「ウン」よりも「アン」に近い音です。

アン　アン
um, un

パルファン **parfum**	ランディ **lundi**
香水	月曜日

❹　**om, on** [ɔ̃]　オン

母音 [ɔ] の口の形（→ p.12）をつくリ、息を鼻と口の両方から同時に出して、鼻に音が響くように発音します。

オン　オン
om , on

コンビヤン **combien**	ジャポン **Japon**
いくら、いくつ	日本

　それでは、鼻母音の仕上げに、下のフランス語を発音してみてください。それぞれの単語にひとつずつ、4種類の鼻母音が出てきます。

アン　　ボン　　ヴァン　　ブラン
un bon vin blanc
[œ̃]　　[bɔ̃]　　[vɛ̃]　　[blɑ̃]
一杯の美味しい白ワイン

　こうしてみると、日本語のよみがな「アン」や「オン」では、正しいフランス語の発音にはならないということが、あらためてよくわかりますね。

COLONNE　　鼻母音に近い日本語

　フランス語らしい音のひとつが、鼻にかかるこの鼻母音でしょう。
　鼻母音は日本語にはない音ですが、「アンコ（餡こ）」や「アンナイ（案内）」のように、後続する「ン」の影響で、自然に母音を鼻音化し（鼻母音に近い音を）発音している言葉もあります。

「アン」や「オン」を1音で発音すると、鼻母音に近い音になりますね。

フランス語の母音 ❹
半母音

DL
1_06

フランス語には半母音（半子音）と呼ばれる音があります。
それに関連した特徴的な読み方も見ておきましょう。

半母音の現れるつづり字と発音

　フランス語の半母音（半子音とも言います）は、[j]「イ」と [ɥ]「ユ」と [w]「ウ」の3種類です。後続する母音によって、母音の [i]「イ」が子音に近づき [j]「イ」に、母音の [y]「ユ」が子音に近づき [ɥ]「ユ」に、母音の [u]「ウ」が子音に近づき [w]「ウ」になります。本来、半母音は単独では発音されず、後続する母音との関係で音が生じます。半母音のつづり字と発音の関係は、単語を覚えながら身につけましょう。

練習してみよう

❶ i / y ＋母音字 [j] イ
日本語で「ィエ」や「ィヤ」などを短く言うときのように一音節で発音します。

ジャンヴィエ
janvier
1月

イ リ ヤ
il y a
〜がある

イ
j

❷ u ＋母音字 [ɥ] ユ
日本語の「ユ」よりも舌を持ち上げ、唇を前につき出して発音します。

キュイズィーヌ
cuisine
料理

ニュイ
nuit
夜

ユ
ɥ

❸ ou ＋母音字 [w] ウ
日本語で「ゥワッ」と人を驚かせるときのように一音節で発音します。

ウィ
oui
はい

スィルエット
silhouette
シルエット

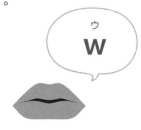

ウ
w

半母音に関連するつづり字と発音

つぎに、半母音（半子音）に関連する特徴的なつづり字と発音を見ていきましょう。

練習してみよう

❶ ill [ij]　ィユ、ィエ、ィヤ

後ろに母音を伴って「ィユ」「ィエ」「ィヤ」のように一音節で発音します。ただし、ville [vil]
「町」、mille [mil]「1000」などは例外で「イル」と発音します。

フィーユ	ジュイエ	ビヤール
fille	**juillet**	**billard**
娘	7月	ビリヤード

❷ ail(l) [aj]　アィユ

一音節で発音するので、「アィユ」をむしろ「アユ」と読んでみてください。

アイﾕ	カイユー	トラヴァ イユ
ail	**caillou**	**travail**
にんにく	小石	仕事、勉強

❸ eil(l) [ɛj]　エィユ

一音節で発音するので、「エィユ」をむしろ「エユ」と読んでみてください。

ソレイユ	アベイユ	パレイユ
soleil	**abeille**	**pareil**
太陽	ミツバチ	同じような

❹ oin [wɛ̃]　ォワン

「オワ」と2音節にならないように「オ」の口の形から「ワン」と発音します。
＊鼻母音（→ p.16）を参照

ポワン	モワン	ロワン
point	**moins**	**loin**
点	より少ない	遠い

❺ ien [jɛ̃]　ィヤン

「イヤ」と2音節にならないように「イ」の口の形から「ヤン」と発音します。
＊鼻母音（→ p.16）を参照

リヤン	リヤン	ビヤン
lien	**rien**	**bien**
ひも、絆	全く〜ない	良い

　まずは、よく聞いて単語の発音を覚えましょう。あとで、つづり字と発音がこのよ
うな関係になっているのだなと納得できるようになるといいですね。

フランス語の子音

DL
1_07

フランス語の子音の種類を確認し、発音を練習しましょう。

破裂させてつくる子音のグループ

日本語の発音でもなじみのある破裂音6種類から始めましょう。

練習してみよう

❶ p [p] プ ／ b [b] ブ

閉じた両唇を開いたときの破裂でつくる子音です。[p] は無声、[b] は有声です。母音をつけると、[p] はほぼ「パ」「ピ」「プ」「ペ」「ポ」、[b] はほぼ「バ」「ビ」「ブ」「ベ」「ボ」の発音になります。

ポム **pomme**	パピエ **papier**	ボクー **beaucoup**	ビエール **bière**
リンゴ	紙	とても	ビール

❷ t, th [t] トゥ ／ d [d] ドゥ

舌先を上前歯の裏から歯茎にあててつくる子音です。[t] は無声、[d] は有声です。母音をつけると、[t] は「タ」「チ」「ツ」「テ」「ト」ではなく「タ」「ティ」「トゥ」「テ」「ト」に、また [d] は「ダ」「ヂ」「ヅ」「デ」「ド」ではなく「ダ」「ディ」「ドゥ」「デ」「ド」になることに注意しましょう。

タイティ **Tahiti**	テオリ **théorie**	ドゥ **deux**	ダーンス **danse**
タヒチ島	理論	2	ダンス

❸ c, ch, qu [k] ク ／ g, gu [g] グ

舌の山が上あごのまんなかあたりにあたってできる子音です。[k] は無声、[g] は有声です。母音をつけると、[k] はほぼ「カ」「キ」「ク」「ケ」「コ」、[g] はほぼ「ガ」「ギ」「グ」「ゲ」「ゴ」の発音になります。

カフェ **café**	テクニック **technique**	フリゴ **frigo**	ギッド **guide**
コーヒー	技術	冷蔵庫	案内、ガイド

* e, i, y の前に c が来ると [s] になります（→❺）
* e, i, y の前に g が来ると [ʒ] の発音になります（→❻）。
* ch は [ʃ] の発音にもなります（→❻）。

摩擦させてつくる子音のグループ

日本語や英語にもある摩擦音６種類、フランス語ならではのコツをつかみましょう。

練習してみよう

❹ f, ph [f] フ ／ v [v] ヴ

上前歯の先端を下唇の内側にあて、すきまから息を出します。[f] は無声、[v] は有声です。
母音をつけると、[f] は「ファ」「フィ」「フ」「フェ」「フォ」、[v] は「ヴァ」「ヴィ」「ヴ」「ヴェ」
「ヴォ」となり、それぞれ１音節で発音します。

フラーンス	フォト	ヴィザージュ	ヴェロ
France	**photo**	**visage**	**vélo**
フランス	写真	顔	自転車

❺ c, ç, s, x [s] ス ／ z, s [z] ズ

舌先と上前歯の歯茎のあいだにすきまをつくり、息を出します。[s] は無声 [z] は有声です。
母音をつけると、[s] は「サ」「シ」「ス」「セ」「ソ」ではなく「サ」「スィ」「ス」「セ」「ソ」に、
また [z] は「ザ」「ジ」「ズ」「ゼ」「ゾ」ではなく「ザ」「ズィ」「ズ」「ゼ」「ゾ」になるこ
とに注意しましょう。

サンク	スィス	ゾー	フランセーズ
cinq	**six**	**zoo**	**française**
5	6	動物園	フランス人（女性）

＊ a, o, u の前に c が来ると [k] の発音になります（→❸）。a, o, u の前に ç が来ると [s] の発音になります（→ p.8）。
＊ s は母音に挟まれると [z] に、それ以外は [s] の発音になります。

❻ ch [ʃ] シュ ／ j, g, ge [ʒ] ジュ

舌先を上前歯の歯茎に近づけ、すきまから息を出し、唇は前に出します。[ʃ] は無声、[ʒ]
は有声です。母音をつけると、[ʃ] は「シャ」「シ」「シュ」「シェ」「ショ」、[ʒ] は「ジャ」「ジ」
「ジュ」「ジェ」「ジョ」に近いですが、舌そのものの位置はもっと奥です。

シャ	ジョリ	ベルジック	ヴォワイヤージュ
chat	**joli**	**Belgique**	**voyage**
猫	きれいな	ベルギー	旅行

＊ ch は [k] の発音にもなります（→❸）。

> 有声は発音するときに
> 声帯がふるえる音、
> 無声はふるえない音です。

鼻音と流音の子音のグループ

フランス語らしい発音を生む鼻音3種類と流音2種類は何度も練習しましょう。

練習してみよう

❼ m [m] ム

閉じた両唇を開き、息を鼻から通して音を鼻の奥に響かせるように発音します。母音をつけると、ほぼ「マ」「ミ」「ム」「メ」「モ」の発音です。

メール **mère**	エメ **aimer**	メトロ **métro**	アミ **ami**
母親	好きだ	地下鉄	友達

❽ n [n] ヌ

舌先を上前歯の歯茎にあて、息を鼻から通して音を鼻の奥に響かせるように発音します。母音をつけると、ほぼ「ナ」「ニ」「ヌ」「ネ」「ノ」の発音です。

ノン **non**	ニュアージュ **nuage**	ネ **nez**	ニス **Nice**
いいえ	雲	鼻	ニース（地名）

❾ gn [ɲ] ニュ

舌の山を上あごのまんなかあたりにあて、息を鼻に通して音を鼻の奥に響かせるように発音します。母音をつけると、ほぼ「ニャ」「ニ」「ニュ」「ニェ」「ニョ」の発音です。

シャンパーニュ **champagne**	コニャック **cognac**	ブルゴーニュ **Bourgogne**	シャンピニョン **champignon**
シャンパン	コニャック	ブルゴーニュ（地名）	キノコ

❿ l [l] ル

舌先を上前歯の裏の歯茎にあて、呼気を舌の両側から出して発音します。母音をつけると、ほぼ「ラ」「リ」「ル」「レ」「ロ」の発音です。

リール **lire**	ヴィル **ville**	ロワ **loi**	ラック **lac**
読む	町	法律	湖

⓫ r [r] ル

舌先を下前歯の裏につけ、舌の後ろを上あごの壁に近づけて発音します。うがいの要領で「ラ」「リ」「ル」「レ」「ロ」と発音しましょう。

リーヴル **livre**	リュ **rue**	ローズ **rose**	ロワ **roi**
本	通り	ばらの花	王

r の発音　フランス語特有の子音です。

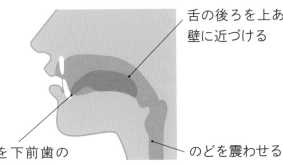

舌の後ろを上あごの壁に近づける

舌先を下前歯の裏につける

のどを震わせる

うがいをするときや、ため息をつくときのように、のどを震わせるように発音します。

注意の必要な子音のつづり字と発音

とくに注意が必要なつづり字を覚えましょう。英語とはつづりや発音が異なります。

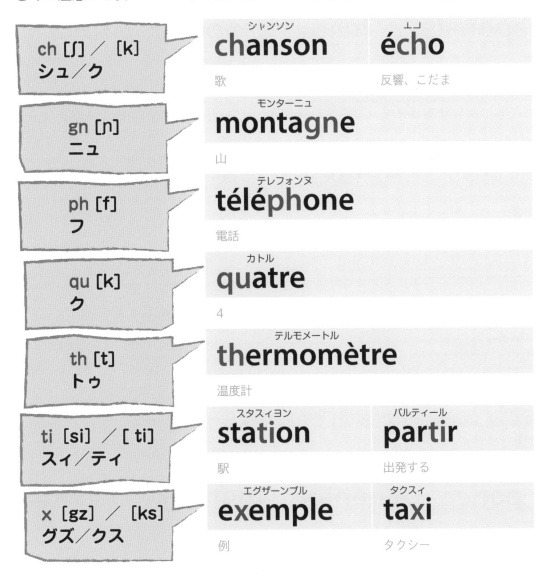

ch [ʃ] ／ [k]　シュ／ク	chanson（シャンソン）歌	écho（エコ）反響、こだま
gn [ɲ]　ニュ	montagne（モンターニュ）山	
ph [f]　フ	téléphone（テレフォンヌ）電話	
qu [k]　ク	quatre（カトル）4	
th [t]　トゥ	thermomètre（テルモメートル）温度計	
ti [si] ／ [ti]　スィ／ティ	station（スタスィヨン）駅	partir（パルティール）出発する
x [gz] ／ [ks]　グズ／クス	exemple（エグザーンプル）例	taxi（タクスィ）タクシー

発音しない文字

DL
1_08

フランス語では発音しない文字があります。
3つの発音しない文字を覚えましょう。

語末の子音は発音しない

　基本的に、単語の最後の子音は発音しません。そういえば、英語と同じつづり字の
フランス語の alphabet は「アルファベ」、accent は「アクサン」と、最後の子音は
発音していませんでしたね。同じように、「点、ピリオド」という意味の point は「ポ
ワン」と最後の子音を発音しません。

ジャポネ	フリュイ	ヴ	スポール
japonais	**fruit**	**vous**	**sport**
日本人	フルーツ	あなた（たち）	スポーツ

　ただし、例外があります。単語の最後に c, r, f, l が来ると、読む場合が多いです。

サック	ボンジュール	ヌフ	マル
sac	**bonjour**	**neuf**	**mal**
かばん	こんにちは	9	悪い

Be careful！ に含まれる
子音に注意！

　なお、第1群規則動詞（→ p.44）の原形の語尾 -er はつねに [e]「エ」と発音され、
r は読みません。

パルレ	シャンテ	マンジェ	アシュテ
parler	**chanter**	**manger**	**acheter**
話す	歌う	食べる	買う

語末の -e は発音しない

単語の最後の -e は発音しません。

タス **tasse**	マダム **madame**	フレール **frère**
カップ	マダム、〜夫人	兄、弟

ただし、つづり字記号のついた -é が語末に来ると［e］「エ」と発音します。（なお、-e につくその他のつづり字記号、-è, ê, ë が語末に来ることはありません。）

べべ **bébé**	サンテ **santé**	ボテ **beauté**
赤ちゃん	健康	美

h は発音しない

h は発音しません。単語の最初にあっても途中にあっても、いずれも発音しません。

アリコ **haricot**	オム **homme**	オ **haut**	リトム **rythme**
インゲン豆	人間、男性	高い	リズム、拍子

　なお、語頭の h には、「無音の h」と「有音の h」の区別があります。発音しないことに変わりはありませんが、連音するかどうかでその区別が必要となります（→ p.26-27）。

COLONNE 「無音の h」と「有音の h」

　どちらも発音しないことに変わりはありませんが、その区別でリエゾンやアンシェヌマン、エリジョンなどの連音をするかどうかが決まります（→ p.26-27）。

　辞書で調べると、単語の前に「†」や「＊」などの記号がついている（あるいは発音記号に「'」の記号がついている）ものが「有音の h」、記号がついていないものが「無音の h」です。「無音の h」が母音の扱い、「有音の h」が子音の扱い、と考えるとよさそうですね。辞書によっては、単語の重要度に「＊」「＊＊」「＊＊＊」などの記号がつく場合があるので、「有音の h」につく記号とまちがえないように気をつけてください。

例	有音の h	無音の h
	† haricot	**homme**
	インゲン豆	人間、男性

連音

DL
1_09

フランス語では単語と単語をつなげて読むことがあります。
3つのルールを覚えましょう。

リエゾン（連音）

　発音されない語末の子音と、つぎの単語のはじめの母音（無音のhを含む）を、連結して発音することをリエゾンと言います。

あなたは〜です

あなたは〜を持っています

アンシェヌマン（連読）

　発音される語末の子音と、つぎの単語のはじめの母音（無音のhを含む）を、連結して読むことをアンシェヌマンと言います。

彼女は〜です

〜があります

＊本書では、リエゾンとアンシェヌマンをともに‿で表しています。

COLONNE　数字と連音

　数字（→ p.28-29）は子音や子音＋eで終わるものが多く、母音や無音のhで始まる euro「ユーロ」や heure「時間」を表す単語が数字の後ろに来るとリエゾンやアンシェヌマンが起こります。数字だけのときとは聞こえ方が異なるので注意しましょう。なお、sやxで終わる単語を次の母音または無音のhで始まる単語と連音する際は、sやxをzの音で、fで終わる単語を連音する際は、fをvの音で発音します。

例
ユイッ トゥロ	ドゥー ズロ	ドゥ ズール	ディズヌ ヴール
huit euros	douze euros	deux heures	dix-neuf heures
8ユーロ	12ユーロ	2時	19時

エリジョン（母音字省略）

　ある決まった単語の語末の母音を、つぎの単語のはじめの母音（無音の h を含む）のために省略して読むことをエリジョンと言います。省略するときに、「' アポストロフ（アポストロフィ）」でつないで、2 つの単語を 1 つの単語のように発音します。つぎの 11 の単語がエリジョンします。

ジュ
je → j'

ジェ　ユヌ　ヴァリーズ
J'ai une valise.

わたしはスーツケースを持っています。（→ p.53）

ル
le → l'

イリヤラ　ポスト　アン　ファス　ドゥ　ロテル
Il y a la poste en face de l'hôtel.

ホテルの前に郵便局があります。

ラ
la → l'

ヴレ　ヴ　ドゥ　ロ
Voulez-vous de l'eau?

お水はいかがですか？（→ p.129）

ヌ
ne → n'

ジュ　ネ　パ　ドゥ　モネ
Je n'ai pas de monnaie.

わたしは小銭を持っていません。（→ p.63）

ス
ce → c'

セ　テュヌ　タルト　ト　スィトロン
C'est une tarte au citron.

これはレモンのタルトです。（→ p.86）

ドゥ
de → d'

ジュ　ヴィヤン　ダリヴェ　ア　パリ　イエール　ソワール
Je viens d'arriver à Paris hier soir.

わたしは昨晩、パリに着いたばかりです。（→ p.113）

ク
que → qu'

ケ　ス　ク　セ
Qu'est-ce que c'est ?

これは何ですか？（→ p.87, p.134）

ム
me → m'

モワ　ジュ　マペル　アンヌ
Moi, je m'appelle Anne.

わたし、わたしの名前はアンヌです。（→ p.77）

トゥ
te → t'

ジュ　テム
Je t'aime.

（きみを）愛しているよ。（→ p.79）

ス
se → s'

ラ　ポルト　スーヴル　アヴェ　カン　コード
La porte s'ouvre avec un code.

その扉は暗証番号で開きます。

スィ
si（以下の場合のみ）
スィ イル　　　スィル
si il → s'il
スィ イル　　　スィル
si ils → s'ils

パルレ　プリュ　ラントゥマン　スィル　ヴ　プレ
Parlez plus lentement, s'il vous plaît.

もう少しゆっくり話してください。（→ p.65）

数字の数え方

DL
1_10

フランス語の数字の数え方は少し難しいです。
基数と序数の数え方を学びましょう。

基数の数え方

3つのステップで数字を数えられるようになりましょう。

●第1ステップ！　1〜19

1〜10までは丸暗記しましょう。

アン(ユヌ) un(e)	ドゥ deux	トロワ trois	カトル quatre	サンク cinq	スィス six	セット sept	ユイット huit	ヌフ neuf	ディス dix
1	2	3	4	5	6	7	8	9	10

11〜16は語末に -ze、17〜19は語頭に dix- がつきます

オーンズ onze	ドゥーズ douze	トレーズ treize	カトルズ quatorze	カーンズ quinze	セーズ seize
11	12	13	14	15	16

ディ(ス)セット dix-sept	ディズユイット dix-huit	ディズヌフ dix-neuf
17	18	19

●第2ステップ！　20〜99

20から99までの数え方には4つのルールがあります。

		ルール❶ 20,30,40…	ルール❷ 21,31,41,…	ルール❸ 22,32,42,…	…
	20	ヴァン vingt	ヴァン テ アン vingt-et-un	ヴァント ドゥ vingt-deux	…
	30	トラーント trente	トラン テ アン trente-et-un	トラント ドゥ trente-deux	…
	40	カラーント quarante	カラン テ アン quarante-et-un	カラント ドゥ quarante-deux	…
	50	サンカーント cinquante	サンカン テ アン cinquante-et-un	サンカント ドゥ cinquante-deux	…
	60	ソワサーント soixante	ソワサン テ アン soixante-et-un	ソワサント ドゥ soixante-deux	…
ルール❹	70	ソワサント ディス soixante-dix	ソワサン テ オーンズ soixante-et-onze	ソワサント ドゥーズ soixante-douze	…
	80	カトル ヴァン quatre-vingts	カトル ヴァン アン quatre-vingt-un	カトル ヴァン ドゥ quatre-vingt-deux	…
	90	カトル ヴァン ディス quatre-vingt-dix	カトル ヴァン オーンズ quatre-vingt-onze	カトル ヴァン ドゥーズ quatre-vingt-douze	…

ルール

❶ 10 の位のうち、20、30、40、50、60 には専用の単語があります。
70、80、90 は足し算や掛け算をして表します（→❹）。

❷ 21、31、41、51、61 のように 1 の位が 1 のときは、「10 の位 -et-un」、71 のみ「10 の位 -et-onze」となります。なお、et は & の意味で足し算を表します。
81 と 91 は例外で、et をつけず「- トレデュニオン（ハイフン）」でつなぎます。

❸ 22 ～ 29、32 ～ 39…など 1 の位が 1 以外のときは「10 の位 - 1 の位」のように「- トレデュニオン（ハイフン）」でつなぎます。

❹ 70 台は「60 + 10 ～ 19 の数え方」、80 台は「4 × 20 + 1 の位」、90 台は「4 × 20 + 10 ～ 19 の数え方」と考えます。それぞれの数字を「- トレデュニオン（ハイフン）」でつなぎます。

●第3ステップ！ 100, 1000, 10000

100、1000、10000 の言い方も覚えましょう。

サン **cent(s)**	ミル **mille**	ディ　ミル **dix-mille**
100	1000	10000

・100 は cent(s) と言い、たとえば 200 は deux-cents と複数にします。
・1000 は mille と言い、つねに単数扱いで不変なので注意しましょう。
・10000 は dix-mille と言い、つねに単数扱いです。

序数の数え方

「～番めの」と言いたいときには序数を用います。また、日にちの 1 日は必ず序数（le peremier）を用います（→ p.30）。

1 番めの	1er(ère)	プルミエ **premier** プルミエール **première**	2 番めの	2e 2d(e)	ドゥズィエム **deuxième** スゴン（スゴーンド） **second(e)**
3 番めの	3e	トロワズィエム **troisième**	4 番めの	4e	カトリエム **quatrième**
5 番めの	5e	サンキエム **cinquième**	6 番めの	6e	スィズィエム **sixième**
7 番めの	7e	セティエム **septième**	8 番めの	8e	ユイティエム **huitième**
9 番めの	9e	ヌヴィエム **neuvième**	10 番めの	10e	ディズィエム **dixième**

・「1 番めの」は男性形 premier / 女性形 première の区別があります。
・「2 番めの」は deuxième という言い方と second(e) という言い方があります。
・省略形の形で、troisième を 3e のように書きます。ただし premier (première) の場合は 1er (ère) と書きます。

日にちと時間の表し方

フランス語で日にちと時間を
言えるようになりましょう。

日にちの表し方

«Nous sommes ～ .»、または «C'est ～ .» で日付を述べます。

> ヌ　　ソム　　ル　ヴァンドルディ　カトルズ　ジュイエ　ドゥミルディ(ズ)セット
> # Nous sommes le vendredi 14 juillet 2017.
> きょうは 2017 年 7 月 14 日、金曜日です。

＊ 1 日には序数（le premier）を使い、それ以外は基数（通常の数字）を使います。

★月の名前

ジャンヴィエ janvier	フェヴリエ février	マルス mars	アヴリル avril	メ mai	ジュアン juin
1 月	2 月	3 月	4 月	5 月	6 月
ジュイエ juillet	ウ(ート) août	セプターンブル septembre	オクトーブル octobre	ノヴァーンブル novembre	デサーンブル décembre
7 月	8 月	9 月	10 月	11 月	12 月

★曜日の名前

ランディ lundi	マルディ mardi	メルクルディ mercredi	ジュディ jeudi	ヴァンドルディ vendredi	サムディ samedi	ディマーンシュ dimanche
月曜日	火曜日	水曜日	木曜日	金曜日	土曜日	日曜日

時間の表し方

«Il est ～ .» で時間を述べます（il は非人称→ p.80, 94）。

> イ　レ　　トロワ　　ズール　　　ヴァン
> # Il est trois heures vingt.
> 3 時 20 分です。

★基本的な時間の表し方

ウール heure(s)	ミニュット minute(s)	スゴーンド seconde(s)
時	分	秒
エ　ドゥミ et demie	エ　カール et quart	モワン　ル　カール moins le quart
（～時）半	（～時）15 分	（～時）15 分前

＊ 「30 分」「15 分」「45 分」は数字でも言えますが、表の下段のような言い方もあります。
　[例] Il est une heure et demie.　1 時半です。

Chapitre 2
フランス語の基礎文法

ラ　グ　ラ　メ　ー　ル　エ　レ　マ　ン　テ　ー　ル
La grammaire élémentaire

フランス語の品詞や構文を学習します。
覚えるべきルールはたくさんありますが、
基本を押さえることが
フランス語習得の近道です。

名詞

DL 2_01

「もの」の名称を名詞と言います。フランス語の名詞の特徴を学びましょう。

名詞の性と数

　フランス語の名詞には、男性名詞と女性名詞の区別があります。また、英語と同じように単数形と複数形の区別があります。

❶ 男性名詞と女性名詞

　フランス語の名詞には、男性名詞と女性名詞の区別があります。どの名詞がどちらの性になるのかは、会話のなかで聞いたり、辞書で調べたりして覚えましょう。

男性名詞	女性名詞
クロワサン **croissant**	バゲット **baguette**
クロワッサン	フランスパン

　人や動物のように自然界に両性あるものの場合、多くの単語は、男性形の語末に e をつけると女性形になります。男性形の語末が子音で終わる単語は、女性形の e がつくと発音が変わるので気をつけましょう。

　e をつける以外に例外的なつくり方や特殊な形もありますが、まずは原則を覚えましょう。

男性形	女性形（男性形の語末に e をつける）
エテュディヤン **étudiant**	エテュディヤーント **étudiante**
（男子）学生	（女子）学生

❷ 単数形と複数形

　また、フランス語の名詞は、単数形と複数形の区別があり、多くの場合、英語と同じように、単数形に s をつけると複数形になります。語末の子音はもともと発音しない（→ p.24）ので、s がついても発音そのものは変わりません。

　s をつける以外に例外的なつくり方や特殊な形もありますが、まずは原則を覚えましょう。

男性名詞の複数形	女性名詞の複数形
ドゥ　クロワサン **2 croissants**	ドゥ　バゲット **2 baguettes**
2つのクロワッサン	2つのフランスパン

男性形、女性形のある名詞はつぎのようになります。

男性複数形（語末に s をつける）	女性複数形（男性形の語末に es をつける）
トロワ　ゼテュディヤン **3 étudiants**	トロワ　ゼテュディヤーント **3 étudiantes**
3人の（男子）学生	3人の（女子）学生

＊数字の後に母音や無音の h で始まる単語が続くとリエゾンやアンシェヌマンが起こるので発音に気をつけましょう（→ p.26）。

ルールがひとめでわかる！　名詞のマジックボックス

エテュディヤン étudiant「学生」		
	単数形	複数形
男性形	エテュディヤン étudiant	エテュディヤン étudiants
女性形	エテュディヤーント étudiante	エテュディヤーント étudiantes

　ここまでのことをまとめると、上のような表で表すことができます。

　一言で名詞と言っても、フランス人はつねにこのような4つの形のマジックボックスを頭のなかに思い浮かべているのです。

　英語にも日本語にもないシステムなので、いつもこの4つのマジックボックスを忘れないようにしてくださいね。

つぎの名詞の女性形と複数形をなぞり書きしましょう。

男性単数形	女性単数形	男性複数形	女性複数形
エテュディヤン **étudiant** 学生	エテュディヤーント étudiante	エテュディヤン étudiants	エテュディヤーント étudiantes
アンプロワイエ **employé** 会社員	アンプロワイエ employée	アンプロワイエ employés	アンプロワイエ employées
ルトレテ **retraité** 退職者	ルトレテ retraitée	ルトレテ retraités	ルトレテ retraitées
ジャポネ **Japonais** 日本人	ジャポネーズ Japonaise	ジャポネ Japonais	ジャポネーズ Japonaises
フランセ **Français** フランス人	フランセーズ Française	フランセ Français	フランセーズ Françaises

＊もともと単語の末尾が s または x で終わるものには、それ以上 s をつけません。

＊「～人」と国籍を述べる際、名詞の場合は大文字で書きますが、「～人の」と形容詞の場合は小文字で書きます（→ p.41）。なお、「わたしは～人です」と言う際は大文字で始まる名詞で書くこともできますが、最近は形容詞を用いて小文字で書くことが多いようです（→ p.47，p.82）。

聞き取ろう　DL 2_02

音声を聞いて下線部にあてはまる単語を聞き取りましょう。

アン
❶ un ＿＿＿＿＿＿＿＿＿＿＿＿＿＿
（男子）学生

ユン
❷ une ＿＿＿＿＿＿＿＿＿＿＿＿＿
フランスの（女子）学生

デ
❸ des ＿＿＿＿＿＿＿＿＿＿＿＿
（男性の）フランス人たち

デ
❹ des ＿＿＿＿＿＿＿＿＿＿＿＿
（女性の）フランス人たち

> 名詞の前についているのは冠詞です。詳しくはつぎのレッスンで（→ p.36）。

解答

ネテュディヤン　　　　ネテュディヤーント　　　　フランセ　　　　フランセーズ
❶ étudiant ❷ étudiante ❸ Français ❹ Françaises

解いてみよう

（1）つぎの単語を見て、男性名詞には男性に、女性名詞には女性に✔をつけましょう。

❶ père
ペール
父親
☐ 男性 ☐ 女性

❷ mère
メール
母親
☐ 男性 ☐ 女性

❸ arbre
アルブル
木
☐ 男性 ☐ 女性

❹ fleur
フルール
花
☐ 男性 ☐ 女性

❺ Japon
ジャポン
日本
☐ 男性 ☐ 女性

❻ France
フラーンス
フランス
☐ 男性 ☐ 女性

> 辞書を持っている人は、単語をひいて名詞の
> 性がどこに書かれているか調べてみましょう。
> 日本語の記号で男や女、あるいはフランス語
> の記号で *m.*（masculin「男性」の略語）や
> *f.*（féminin「女性」の略語）と書かれていますよ。

（2）つぎの単語を複数形にしましょう。

❶ croissant
クロワサン
（1つの）クロワッサン
⇒＿＿＿＿＿＿＿＿＿＿
（いくつかの）クロワッサン

❷ baguette
バゲット
（1つの）フランスパン
⇒＿＿＿＿＿＿＿＿＿＿
（いくつかの）フランスパン

❸ Japonais
ジャポネ
（1人の）日本人（男性）
⇒＿＿＿＿＿＿＿＿＿＿
（何人かの）日本人（男性）

❹ Japonaise
ジャポネーズ
（1人の）日本人（女性）
⇒＿＿＿＿＿＿＿＿＿＿
（何人かの）日本人（女性）

解答

（1）❶ **男性** ❷ **女性** ❸ **男性** ❹ **女性** ❺ **男性** ❻ **女性**

（2）❶ croissants ❷ baguettes ❸ Japonais ❹ Japonaises
　　　クロワサン　　　　バゲット　　　　ジャポネ　　　ジャポネーズ

冠詞

DL 2_03

名詞の前には冠詞がつきます。名詞の性と数に形をあわせます。

不定冠詞

不定冠詞は、はじめて話題に出てきた名詞につきます。特定されない名詞につく冠詞なので「ある〜」という意味合いです。名詞の性と数によって3つの形があります。

男性単数形	男性複数形
アン　　クロワサン **un croissant**	デ　　クロワサン **des croissants**
（ある1つの）クロワッサン	（あるいくつかの）クロワッサン

女性単数形	女性複数形
ユヌ　　バゲット **une baguette**	デ　　バゲット **des baguettes**
（ある1つの）フランスパン	（あるいくつかの）フランスパン

ルールがひとめでわかる！
不定冠詞のマジックボックス

	単数形	複数形
男性形	アン un	デ des
女性形	ユヌ une	

定冠詞

定冠詞は、すでに話題に出てきた名詞やある特定の名詞を頭に思い浮かべているときに用いる冠詞です。特定されて「その〜」という意味合いです（限定的用法）。名詞の性と数によって3つの形があります。

男性単数形	男性複数形
ル　　クロワサン **le croissant**	レ　　クロワサン **les croissants**
（その）クロワッサン	（それらの）クロワッサン

女性単数形	女性複数形
ラ　　バゲット **la baguette**	レ　　バゲット **les baguettes**
（その）フランスパン	（それらの）フランスパン

また、定冠詞は、名詞を総称として述べるときに「〜というもの」という意味合いでも使われます（総称的用法）。

例文

J'aime la musique.
ジェム　ラ　ミュズィック

わたしは音楽（というもの）が好きです。

ルールがひとめでわかる！

定冠詞のマジックボックス

	単数形	複数形
男性形	le (l') ル	les レ
女性形	la (l') ラ	

＊母音または無音の h で始まる単語の前では、le と la はエリジョンして（　）のように l' になります。

部分冠詞

部分冠詞は、液体や食べ物などの数えられない名詞につきます。ある分量を問題にして「いくらかの（量の）〜」という意味合いです。男性形と女性形がありますが、もともと数えられない名詞につくものなので複数形はありません。

男性形	女性形
du vin デュ　ヴァン	**de la bière** ドゥ　ラ　ビエール
ワイン	ビール

ルールがひとめでわかる！

部分冠詞のマジックボックス

	単数形
男性形	du (de l') デュ
女性形	de la (de l') ドゥ　ラ

＊母音または無音の h で始まる単語の前では、エリジョンして（　）のように de l' になります。

書いてみよう

つぎの冠詞のついた名詞をなぞり書きしましょう。

（1）不定冠詞

	単数形	複数形
男性形	アン　　　クロワサン **un croissant** （ある１つの）クロワッサン	デ　　　クロワサン **des croissants** （あるいくつかの）クロワッサン
女性形	ユヌ　　　バゲット **une baguette** （ある１つの）フランスパン	デ　　　バゲット **des baguettes** （あるいくつかの）フランスパン

（2）定冠詞

	単数形	複数形
男性形	ル　　サック **le sac** （その）かばん	レ　　サック **les sacs** （それらの）かばん
女性形	ラ　　ヴァリーズ **la valise** （その）スーツケース	レ　　ヴァリーズ **les valises** （それらの）スーツケース

（3）部分冠詞

男性形	女性形
デュ　ヴァン **du vin** ワイン	ドゥ　ラ　ビエール **de la bière** ビール

聞き取ろう 〔DL 2_04〕

音声を聞いて下線部にあてはまる単語を聞き取りましょう。

❶ ＿＿＿＿ ネテュディヤン
étudiant
（ある１人の男子）学生

❷ ＿＿＿＿ ネテュディヤーント
étudiante
（ある１人の女子）学生

❸ ＿＿＿＿ ゼテュディヤン
étudiants
（ある何人かの男子）学生

❹ ＿＿＿＿ ゼテュディヤーント
étudiantes
（ある何人かの女子）学生

解答

アン　　ユヌ　　デ　　デ
❶ un ❷ une ❸ des ❹ des

 解いてみよう

（1） 下の日本語にあうように、下線部にあてはまる不定冠詞を入れましょう。

❶ ＿＿＿＿ homme
（1人の）男性・人間

❷ ＿＿＿＿ femme
（1人の）女性

❸ ＿＿＿＿ garçons
（何人かの）少年たち

❹ ＿＿＿＿ filles
（何人かの）少女たち

（2） 下の日本語にあうように、下線部にあてはまる定冠詞を入れましょう。

❶ ＿＿＿＿ soleil
太陽　ヒント soleil は男性名詞

❷ ＿＿＿＿ lune
月　ヒント lune は女性名詞

❸ ＿＿＿＿ étoile
星　ヒント étoile は女性名詞

❹ ＿＿＿＿ étoiles
星々

（3） 下の日本語にあうように、下線部にあてはまる部分冠詞を入れましょう。

❶ ＿＿＿＿ café
コーヒー　ヒント café は男性名詞

❷ ＿＿＿＿ eau
水　ヒント eau は女性名詞

（2）の❸と（3）の❷は
エリジョン（→ p.27）に
注意しましょう！

解答

（1）❶ un ❷ une ❸ des ❹ des　（2）❶ le ❷ la ❸ l' ❹ les　（3）❶ du ❷ de l'

形容詞

DL
2_05

名詞を修飾する形容詞、ポイントは位置と一致です。

形容詞の位置

❶ 形容詞の位置の原則

フランス語の形容詞は、基本的には名詞の後ろに置きます。ただし例外として、日常的によく使う比較的短い形容詞は名詞の前に置きます。

名詞の前	名詞の後
アン　プティ　クロワサン **un petit croissant**	ユヌ　バゲット　フランセーズ **une baguette française**
小さいクロワッサン	フランスパン（フランスのバゲット）

名詞の前に置く形容詞〈（　）は女性形の e, / は女性形の特殊な形〉			
グラン(グラーンド) **grand(e)**	ボン(ボンヌ) **bon(ne)**	ジュンヌ **jeune**	ボ　　ベル **beau/belle**
大きい	よい、おいしい	若い	美しい、きれいな
プティ(プティット) **petit(e)**	モヴェ(モヴェーズ) **mauvais(e)**	ヴィユー　ヴィエイユ **vieux/vieille**	ジョリ(ジョリ) **joli(e)**
小さい	悪い	年取った	かわいい、きれいな

* jeune のようにもともと e で終わる形容詞には、女性形の e を重ねてつける必要はありません（→ p.41）。

❷ 位置によって意味が異なる形容詞

また、名詞の前に置くときと、後ろに置くときで、意味の異なる形容詞もあります。

名詞の前	名詞の後
アン　グラン　トム **un grand homme**	アン　ノム　グラン **un homme grand**
偉大な人	背が高い人

＊語末の [d] はリエゾンすると [t] の発音になります。

形容詞の性と数の一致

名詞に性と数の区別があるため、形容詞は名詞の性と数に一致させます。

基本的には、男性形に e をつけると女性形、単数形に s をつけると複数形になります。もともと e や s で終わる単語には、それ以上重ねてつける必要はありません。

また、特殊な形の女性形になる形容詞や、不規則な形の女性形や複数形になる形容詞もあります（→ p.40）。新しい形容詞を覚えるときは、男性形だけでなく、女性形や複数形も確認しましょう。

男性単数形	男性複数形（語末に s をつける）
アン　ネテュディヤン　　フランセ **un étudiant français**	デ　　ゼテュディヤンス　　フランセ **des étudiants français**
フランスの（男子）学生	（何人かの）フランスの（男子）学生

女性単数形（語末に e をつける）	女性複数形（語末に es をつける）
ユン　ネテュディヤント　　フランセーズ **une étudiante française**	デ　　ゼテュディヤント　　フランセーズ **des étudiantes françaises**
フランスの（女子）学生	（何人かの）フランスの（女子）学生

名詞に性と数の４つの形があるから、
名詞の冠となる冠詞も、
名詞を形容する形容詞も、
名詞にあわせて４つ（３つ）の形が
あるんですね。

ルールがひとめでわかる！

形容詞のマジックボックス

グラン grand 「大きな」		
	単数形	複数形
男性形　サック **sac** かばん	アン　グラン　サック un grand sac	ドゥ　グラン　サック de grands sacs
女性形　ヴァリーズ **valise** スーツケース	ユヌ　グランド　ヴァリーズ une grande valise	ドゥ　グランド　ヴァリーズ de grandes valises*

＊名詞の前に複数形の形容詞がつくと、不定冠詞 des は原則として de になります。

つぎの形容詞の女性形と複数形をなぞり書きしましょう。

男性単数形	女性単数形	男性複数形	女性複数形
プティ **petit** 小さい	プティット petite	プティ petits	プティット petites
ボン **bon** よい	ボンヌ bonne	ボン bons	ボンヌ bonnes
ジュンヌ **jeune** 若い	ジュンヌ jeune	ジュンヌ jeunes	ジュンヌ jeunes
ジャポネ **japonais** 日本の	ジャポネーズ japonaise	ジャポネ japonais	ジャポネーズ japonaises
フランセ **français** フランスの	フランセーズ française	フランセ français	フランセーズ françaises

🎧 聞き取ろう **DL 2_06**

音声を聞いて下線部にあてはまる単語を聞き取りましょう。

❶ アン　ネテュディヤン
un étudiant _____

フランスの（男子）学生

❷ ユン　ネテュディヤント
une étudiante _____

フランスの（女子）学生

❸ デ　ゼテュディヤン
des étudiants _____

（何人かの）フランスの（男子）学生

❹ デ　ゼテュディヤント
des étudiantes _____

（何人かの）フランスの（女子）学生

解答

🎧 フランセ
❶ français　フランセーズ
❷ française　フランセ
❸ français　フランセーズ
❹ françaises

解いてみよう

（1）下の日本語にあうように、下線部にあてはまる形容詞を入れましょう。

❶ アン
un ＿＿＿＿＿＿ サック
sac

ある1つの大きなかばん

❷ ユヌ
une ＿＿＿＿＿ ヴァリーズ
valise

ある1つの大きなスーツケース

❸ ドゥ
de ＿＿＿＿＿＿ サック
sacs

あるいくつかの大きなかばん

❹ ドゥ
de ＿＿＿＿＿＿ ヴァリーズ
valises

あるいくつかの大きなスーツケース

> 名詞の性と数に注意して、
> 形容詞を一致させましょう。
> 冠詞もヒントになりますよ
> （→ p.36-37）。

（2）形容詞の形から推測し、名詞が男性名詞か女性名詞か判断し✔をつけましょう。

❶ レ　ボン　レザン
les bons raisins　　☐ 男性　☐ 女性

それらのおいしいブドウ

❷ レ　ボンヌ　ポワール
les bonnes poires　　☐ 男性　☐ 女性

それらのおいしい洋梨

> 形容詞の最後に
> s がついていたら
> 男性複数形、
> es がついていたら
> 女性複数形ですね。

❸ レ　ジョリ　フルール
les jolies fleurs　　☐ 男性　☐ 女性

それらのきれいな花

❹ レ　ジョリ　ゾワソー
les jolis oiseaux　　☐ 男性　☐ 女性

それらのきれいな鳥

解答

（1）❶ グラン
grand ❷ グランド
grande ❸ グラン
grands ❹ グランド
grandes （2）❶ **男性** ❷ **女性** ❸ **女性** ❹ **男性**

動詞

DL 2_07

動詞の活用は何度も聞いてリズミカルに覚えましょう。

主語人称代名詞

フランス語の動詞は、主語の人称にあわせて活用します。まず、この主語にあたることば（主語人称代名詞）を覚えましょう。

ルールがひとめでわかる！ 主語人称代名詞のマジックボックス

	単数形		複数形	
一人称	je（ジュ）	わたしは	nous（ヌ）	わたしたちは
二人称	tu（テュ）	きみは	vous（ヴ）	あなたは／あなたたちは
三人称（男性）	il（イル）	彼は	ils（イル）	彼らは
三人称（女性）	elle（エル）	彼女は	elles（エル）	彼女たちは

＊ vous は二人称複数形ですが、「きみは」の丁寧語「あなたは」にもなります。
＊ il(ils)、elle(elles) は、人だけでなく、前に出てきた男性名詞、女性名詞を受けて、「それは（それらは）」を指すこともあります。

規則動詞の活用

フランス語の動詞で、もっとも規則的な活用をするものを、第1群規則動詞と言います。動詞の原形の最後の2文字が -er で終わることから、-er 動詞とも呼んでいます。

parler「話す」

	単数	複数
一人称	Je parle（ジュ バルル）わたしは話します	Nous parlons（ヌ バルロン）わたしたちは話します
二人称	Tu parles（テュ バルル）きみは話します	Vous parlez（ヴ バルレ）あなた（たち）は話します
三人称（男性）	Il parle（イル バルル）彼は話します	Ils parlent（イル バルル）彼らは話します
三人称（女性）	Elle parle（エル バルル）彼女は話します	Elles parlent（エル バルル）彼女たちは話します

＊原形の parl- の部分が語幹で変化せず、-er の部分が活用語尾で変化します。

不規則動詞の活用

　規則動詞は活用に一定の規則性がありますが、不規則動詞は活用にほかの動詞のような規則性がなく、その動詞ごとに活用形を覚えなければなりません。まず、英語の be 動詞「〜である」と have「〜を持つ」にあたる 2 つの動詞の活用を覚えましょう。

	エートル être「〜である」	
一人称	**Je suis**（ジュ スュイ） わたしは〜です	**Nous sommes**（ヌ ソム） わたしたちは〜です
二人称	**Tu es**（テュ エ） きみは〜です	**Vous êtes**（ヴ ゼット） あなた（たち）は〜です
三人称（男性）	**Il est**（イ レ） 彼は〜です	**Ils sont**（イル ソン） 彼らは〜です
三人称（女性）	**Elle est**（エ レ） 彼女は〜です	**Elles sont**（エル ソン） 彼女たちは〜です

＊ Il est、Elle est はアンシェヌマン、Vous êtes はリエゾンして続けて発音します。

	アヴォワール avoir「〜を持っている」	
一人称	**J'ai**（ジェ） わたしは〜を持っています	**Nous avons**（ヌ ザヴォン） わたしたちは〜を持っています
二人称	**Tu as**（テュ ア） きみは〜を持っています	**Vous avez**（ヴ ザヴェ） あなた（たち）は〜を持っています
三人称（男性）	**Il a**（イ ラ） 彼は〜を持っています	**Ils ont**（イル ゾン） 彼らは〜を持っています
三人称（女性）	**Elle a**（エ ラ） 彼女は〜を持っています	**Elles ont**（エル ゾン） 彼女たちは〜を持っています

＊ J'ai はエリジョン、Il a、Elle a はアンシェヌマン、Nous avons、Vous avez、Ils ont、Elles ont はリエゾンして続けて発音します。

それぞれの動詞の意味や使い方は、chapitre3 で詳しく見ていきましょう。

書いてみよう

つぎの動詞の活用を主語にあわせてなぞり書きしましょう。

parler「話す」		
	単数	複数
一人称	Je parle わたしは話します	Nous parlons わたしたちは話します
二人称	Tu parles きみは話します	Vous parlez あなた（たち）は話します
三人称（男性）	Il parle 彼は話します	Ils parlent 彼らは話します
三人称（女性）	Elle parle 彼女は話します	Elles parlent 彼女たちは話します

聞き取ろう DL 2_08

音声を聞いて下線部にあてはまる単語を聞き取りましょう。

❶ Je _____ japonais.

わたしは日本語を話します。

語彙 名 男 japonais「日本語」

＊「〜語を話す」と言う際は、「〜語」にあたる名詞は無冠詞で使います。

❷ Tu _____ anglais ?

きみは英語を話しますか？

語彙 名 男 anglais「英語」

❸ Il _____ un peu français.

彼はフランス語を少し話します。

語彙 副 un peu「少し」 名 男 français

❹ Vous _____ très bien français.

あなたはフランス語をとても上手に話します。

語彙 副 très bien「とても上手に」

解答

❶ parle ❷ parles ❸ parle ❹ parlez

解いてみよう

下線部にあてはまるように【　】の動詞の活用形を入れ、文を完成させましょう。

❶ Tu _____ français ?　【parler】
<small>テュ</small>　　　　　<small>フランセ</small>　　　　　<small>パルレ</small>

きみはフランス語を話しますか？

❷ Je _____ un peu français.　【parler】
<small>ジュ</small>　　　　　<small>アン　プ　フランセ</small>　　　<small>パルレ</small>

わたしはフランスを少し話します。

❸ Ils _____ japonais.　【être】
<small>イル</small>　　　　　<small>ジャポネ</small>　　　<small>エートル</small>

彼らは日本人です。

❹ Il _____ français ?　【être】
<small>イ</small>　　　　　<small>フランセ</small>　　　<small>エートル</small>

彼はフランス人ですか？

❺ Elles _____ sœurs.　【être】
<small>エル</small>　　　　　<small>スール</small>　　　<small>エートル</small>

彼女たちは姉妹です。

語彙 名 女 une sœur「姉、妹」
<small>ユヌ　スール</small>

＊「〜です」と動詞 être を使って言う際は、属詞にあたる名詞は無冠詞で使います（→ p.82）。
<small>エートル</small>

❻ Elle _____ le plan de Paris.　【avoir】
<small>エ</small>　　　　　<small>ル　プラン　ドゥ　パリ</small>　　　<small>アヴォワール</small>

彼女はパリの地図を持っています。

語彙 名 男 un plan「地図」
<small>アン　プラン</small>

＊ un plan「ある１つの地図」に de Paris「パリの」という特定された意味がつけ加えられたため、le plan de Paris「そのパリの地図」と限定的用法の冠詞がついています（→ p.36、p.49）。

❼ Nous _____ un guide touristique.　【avoir】
<small>ヌ</small>　　　　　<small>アン　ギッド　トゥリスティック</small>　　　<small>アヴォワール</small>

わたしたちは旅行ガイドを持っています。

語彙 名 男 un guide「ガイド、ガイドブック」　形 touristique「観光の、旅行の」
<small>アン　ギッド</small>　　　　　　　　　　<small>トゥリスティック</small>

動詞の活用は
主語をつけて覚えます。
音声を何度も聞いて、
リズムよく発音を繰り返し、
五感を使って覚えましょう。

解答

❶ parles ❷ parle ❸ sont ❹ est ❺ sont ❻ a ❼ avons
<small>パルル</small>　　<small>パルル</small>　　<small>ソン</small>　<small>レ</small>　<small>ソン</small>　<small>ラ</small>　<small>ザヴォン</small>

Chapitre 2

前置詞

DL 2_09

前置詞は名詞の前に置かれ、場所や時などを示します。

場所・時を示す前置詞

前置詞は、「〜のなかに」「〜のときに」などのように場所や時を具体的に示します。名詞の前に置かれる品詞なので前置詞と言いますが、内容上、動詞と強く結びついています。英語の学習と同じように、よく使う動詞と一緒に覚えてしまうといいですね。

❶ 場所を示す前置詞

スュル **sur**	スー **sous**	ドゥヴァン **devant**	デリエール **derrière**
〜の上に	〜の下に	〜の前に	〜の後ろに

❷ 時を示す前置詞

アヴァン **avant**	アプレ **après**	パンダン **pendant**	ジュスカ **jusqu'à**
〜の前に	〜のあとに	〜のあいだに	〜までに

前置詞 à と de

つぎの2つの前置詞 à と de は、場所と時を示すだけでなく、さまざまな用法のある前置詞です。日常的によく使うので、基本の意味をしっかり学んでおきましょう。

❶ 前置詞 à

場所と時間の両方に使います。場所を表すときには、地点を示して「〜に」、方向を示して「〜へ」という意味になります。時間を表すときには、時点を示して「〜に」、期間の終わりを示して「〜まで」という意味になります。

 例文

ジャビット タ トキョ
J'habite à Tokyo.

わたしは東京に住んでいます。

ル フ ダルティフィス コマン サ ディズヌ ヴール
Le feu d'artifice commence à 19 heures.

花火は19時に始まります。

48

❷ 前置詞de（ドゥ）

　所有や所属を示して「～の」という意味でもっともよく使います。さらに、場所と時間の両方に使います。場所を表すときには、出発点を示して「～から」、起源を示して「～の出身」という意味になります。時間を表すときには、期間の始まりを示して「～から」という意味です。

Tokyo

例文

ジュ　スュイ　ドゥ　トキョ
Je suis de Tokyo.

わたしは東京の出身です。

ス　グラン　マガザン　ウーヴル　ドゥ ディ　ズール　ア ディズヌ　ヴール
Ce grand magasin ouvre de 10 heures à 19 heures.

このデパートは 10 時から 19 時まで開いています。

前置詞と定冠詞の縮約（しゅくやく）

　前置詞 à（ア）と前置詞 de（ドゥ）は後ろに定冠詞の le（ル）と les（レ）を伴うと連結してひとつの単語になります（前置詞と定冠詞の縮約）。なお、定冠詞の la（ラ）は縮約しません。

ルールが
ひとめで
わかる！

前置詞と定冠詞の縮約のマジックボックス

前置詞 à（ア）	à le → au（アル→オ）	à le Japon → au Japon（アル ジャポン → オ ジャポン）
		日本へ
	à les → aux（アレ→オ）	à les États-Unis → aux États-Unis（アレ ゼタ ズュニ → オ ゼタ ズュニ）
		アメリカへ
前置詞 de（ドゥ）	de le → du（ドゥル→デュ）	de le Japon → du Japon（ドゥル ジャポン → デュ ジャポン）
		日本から
	de les → des（ドゥ レ→デ）	de les États-Unis → des États-Unis（ドゥ レ ゼタ ズュニ → デ ゼタ ズュニ）
		アメリカから

＊ 地名には冠詞は必要ありませんが、国名には定冠詞が必要です。日本は男性名詞で le Japon（ル ジャポン）、アメリカは男性名詞複数形で les États-Unis（レ ゼタ ズュニ）、ちなみにフランスは女性名詞で la France（ラ フランス）です。

例文

ジュ　ヴェ　オ　ジャポン
Je vais au Japon.

わたしは日本へ行きます 。

ジュ　ヴィヤン　デュ　ジャポン
Je viens du Japon.

わたしは日本から来ました。

つぎの前置詞をなぞり書きして覚えましょう。

場所を示す前置詞		時を示す前置詞	
スュル **sur** 〜の上に	スュル sur	アヴァン **avant** 〜の前に	アヴァン avant
スー **sous** 〜の下に	スー sous	アプレ **après** 〜のあとに	アプレ après
ドゥヴァン **devant** 〜の前に	ドゥヴァン devant	パンダン **pendant** 〜のあいだに	パンダン pendant
デリエール **derrière** 〜の後ろに	デリエール derrière	ジュスカ **jusqu'à** 〜までに	ジュスカ jusqu'à

聞き取ろう　DL 2_10

音声を聞いて下線部にあてはまる単語を聞き取りましょう。

❶ イリヤ　ユヌ　　　　　ポム
Il y a une pomme ＿＿＿＿ ラ　　ターブル
la table.

机の上にリンゴがあります。

語彙 名 女 ユヌ ポム une pomme「リンゴ」 名 女 ユヌ ターブル une table「テーブル」 表現 イリヤ Il y a 〜「〜があります」（→ P.94）

❷ イリヤ　アン　リーヴル
Il y a un livre ＿＿＿＿ ル　　ディクスィヨネール
le dictionnaire.

辞書の下に本があります。

語彙 名 男 アン リーヴル un livre「本」 名 男 アン ディクスィヨネール un dictionnaire「辞書」

❸ リュニヴェルスィテ　　エ
L'université est ＿＿＿＿ ラ　　ガール
la gare.

大学は駅の後ろ（裏）にあります。

語彙 名 女 リュニヴェルスィテ l'université「大学、総合大学」 名 女 ユヌ ガール une gare「駅」

解答

🎧 **❶** スュル sur **❷** スー sous **❸** デリエール derrière

50

 解いてみよう

（1）日本語の訳にあうように、下線部に前置詞 à または前置詞 de を入れましょう。

❶ Elle habite _____ Paris.
エ　　ラビッ　　　　　　　パリ

彼女はパリに住んでいます。
語彙 動 habiter「〜に住む」（第1群規則動詞）

❷ Il est _____ Tokyo.
イ　レ　　　　　　トキョ

彼は東京の出身です。

❸ Le concert commence _____ 19 heures.
ル　　コンセール　　　　　コマン　　　　　　　　　ディズヌ　　ウール

コンサートは19時に始まります。
語彙 名 男 un concert「コンサート」 動 commencer「始まる」（第1群規則動詞）

❹ Ce café ouvre _____ 8 heures _____ 22 heures.
ス　カフェ　　ウーウル　　　　　　　ユイ　トゥール　　　　　　　ヴァン(ト)ドゥ　ズール

このカフェは8時から22時まで開いています。
語彙 動 ouvrir「開く、営業する」（不規則動詞）

（2）下線部に定冠詞と前置詞の縮約を入れましょう。

❶ Je vais _____ Japon.
ジュ　ヴェ　　　　　　　ジャポン

わたしは日本へ行きます 。

❷ Je viens _____ Japon.
ジュ　ヴィヤン　　　　　　ジャポン

わたしは日本から来ました。

❸ Je vais _____ États-Unis.
ジュ　ヴェ　　　　　　ゼタ　ズュニ

わたしはアメリカへ行きます 。

❹ Je viens _____ États-Unis.
ジュ　ヴィヤン　　　　　ゼタ　ズュニ

わたしはアメリカから来ました。

前置詞と定冠詞の縮約は、
à + le → au
ア　ル　　オ
à + les → aux
ア　レ　　オ
de + le → du
ドゥ　ル　　デュ
de + les → des
ドゥ　レ　　デ

でしたね。

解答

（1）❶ à ❷ de ❸ à ❹ de / à　（2）❶ au ❷ du ❸ aux ❹ des
タ　　ドゥ　　サ　　ドゥア　　　　　　　　オ　　デュ　　オ　　デ

肯定文

基本の文型は英語とほぼ同じです。

肯定文のつくり方

　フランス語の肯定文のつくり方は英語とほぼ同じで、まず主語があり、つぎに動詞、さらに目的語や属詞（＝英語の補語）が来ます。また、文の要素はこの4つですが、それ以外に状況補語といって、状況に応じて時や場所などの意味を補う副詞句や前置詞句が入ることもあります。

主語　＋　動詞　＋　目的語　**または**　属詞　（　＋　状況補語　）

＊目的語が代名詞になる場合、動詞の前に来ます（→ p.76-77）。

英語は5つの文型がありますが、フランス語は6つの基本文型があります。

フランス語の文章の基本文型

英語は5つの文型がありますが、フランス語は6つの基本文型があります。

❶　主語　＋　動詞
❷　主語　＋　動詞　＋　属詞
❸　主語　＋　動詞　＋　直接目的語
❹　主語　＋　動詞　＋　間接目的語
❺　主語　＋　動詞　＋　直接目的語　＋　間接目的語
❻　主語　＋　動詞　＋　直接目的語　＋　属詞

　英語には❹の文型がなく、❻の文型はこの本には出てきません。本書では、これら❹と❻の文型は扱わず、肯定文の基本的な語順を見ていくことにします。それでは、右ページで❶、❷、❸、❺の4つの文型について順を追って見ていきましょう。

❶ 主語＋動詞（＋状況補語）

主語と動詞だけで成り立つ文です。動詞は自動詞です。前置詞から後ろのまとまりは、それがなくても文が成り立ち、場所や時などの状況を示すため状況補語といいます。

例文

ジュ　ヴェ　ア　パリ
Je vais à Paris.

主語　動詞　　　状況補語
わたしはパリへ行きます。

❷ 主語＋動詞＋属詞

主語と属詞がイコールで結びつく文です。動詞は自動詞です。属詞は英語の補語にあたり、名詞または形容詞が入ります。

例文

ジュ　スュイ　　　ジャポネ(ーズ)
Je suis japonais(e).

主語　動詞　　　　　　属詞
わたしは日本人です。

❸ 主語＋動詞＋直接目的語

主語と動詞だけでは成り立たない文章です。動詞は他動詞です。この文型では、「～を」という意味の日本語にあたる直接目的語が入ります。直接目的語は、動詞の後ろに前置詞なしで目的語を直接的に導きます。

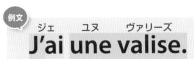

例文

ジェ　ユヌ　ヴァリーズ
J'ai une valise.

主語　動詞　　直接目的語
わたしはスーツケースを持っています。

❺ 主語＋動詞＋直接目的語＋間接目的語

主語と動詞だけでは成り立たない文章です。動詞は他動詞です。この文型では、「～を」という意味の日本語にあたる直接目的語と、「～に」という意味の日本語にあたる間接目的語が入ります。直接目的語は、動詞の後ろに前置詞なしで目的語を直接的に導き、間接目的語は、前置詞 à の後ろに別の目的語を間接的に導きます。

＊ただし、間接目的語に前置詞 à ではなく前置詞 de を伴う動詞もあります。

例文

ジャンヴォワ　　　ユヌ　　レットル　ア　メ　　バラン
J'envoie une lettre à mes parents.

主語　動詞　　　　　　直接目的語　　　　　　　間接目的語
わたしは両親に手紙を送ります。

書いてみよう
つぎの例文をなぞり書きしましょう。

❶ Je vais à la faculté.
ジュ ヴェ ア ラ ファキュルテ

わたしは大学に行きます。

Je vais à la faculté.

> ヒント 主語＋動詞＋場所を示す状況補語（前置詞 à ＋場所）なので、この文型は①です。
> 語彙 動 aller「～に行く」（不規則動詞→ p.106）　名 女 la faculté「大学、学部」

❷ Je suis employé.
ジュ スュイ アンプロワイエ

わたしは会社員（男性）です。

Je suis employé.

> ヒント 主語＋動詞＋属詞なので、この文型は②です。

❸ J'ai un (téléphone) portable.
ジェ アン テレフォンヌ ポルターブル

わたしは携帯（電話）を持っています。

J'ai un (téléphone) portable.

> ヒント 主語＋動詞＋直接目的語（前置詞なしの目的語）なので、この文型は③です。
> 語彙 名 男 un (téléphone) portable「携帯（電話）」

❹ J'envoie une lettre à mon ami.
ジャンヴォワ ユヌ レットル ア モ ナミ

わたしは友人に手紙を送ります。

J'envoie une lettre à mon ami.

> ヒント 主語＋動詞＋直接目的語（前置詞なしの目的語）＋間接目的語（前置詞 à ＋目的語）なので、この文型は⑤です。
> 語彙 動 envoyer ものà人「（もの）を（人）に送る」（第１群規則動詞）　名 女 une lettre「手紙」　名 un ami / une amie「友人」

聞き取ろう DL 2_12

音声を聞いて下線部にあてはまる単語を聞き取りましょう。

❶ ジュ ヴェ ア
Je vais à _____ .

わたしはニースに行きます。

❷ ジュ スュイ
Je suis _____ .

わたしはフランス人（女性）です。

❸ ジュ パルル
Je parle _____ .

わたしは英語を話します。

❶は文型❶、
❷は文型❷、
❸は文型❸ですね。

解いてみよう

つぎの例文を並べ替えて文章をつくりましょう。（文頭の文字も小文字にしています。）

❶ わたしは母に手紙を送ります。

ア マ メール ユヌ レットル ジュ アンヴワワ
à ma mère / une lettre / j' / envoie /.

ヒント 主語＋動詞＋直接目的語＋間接目的語の文型⑤です。

❷ 彼は両親に小包を送ります。

アンヴワワ ア セ パラン イル アン パケ
envoie / à ses parents / il / un paquet /.

ヒント 主語＋動詞＋直接目的語＋間接目的語の文型⑤です。
語彙 名 男 アン パ ケ un paquet「小包」 名 男 複 デ パ ラン des parents「両親」

解答

❶ ニス Nice **❷** フランセーズ francaise **❸** アングレ anglais

ジャンヴォワ ユヌ レットル ア マ メール
❶ J'envoie une lettre à ma mère.

イ ランヴォワ アン パケ ア セ パラン
❷ Il envoie un paquet à ses parents.

疑問文

DL
2_13

フランス語の疑問文のつくり方は3通りあります。

疑問文のつくり方

　フランス語は英語の疑問文のつくり方とは異なります。つくり方は3通りあり、いずれもよく使うので、しっかり覚えましょう。

　つぎの肯定文を疑問文にしてみましょう。

肯定文
Vous parlez français.
ヴ　　　　パルレ　　　　フランセ

あなたはフランス語を話します。

❶ イントネーションによるつくり方

　肯定文の語順でイントネーションを変えて発音する方法です。文章の後ろを上げて発音します。もっともカジュアルな疑問文のつくり方です。

疑問文
Vous parlez français ?
ヴ　　　　パルレ　　　　フランセ

　　　主語　　　動詞　　　　　　〜

あなたはフランス語を話しますか？

❷ 文頭にest-ce que をつけるつくり方
　　　　　　　エ　ス　ク

　肯定文の文頭に est-ce que をつける方法です。文のはじめから疑問文であることをはっきりと伝えられます。日本語では疑問文の文末に「〜ですか」とつけるような感じですね。イントネーションによる疑問文より丁寧な話し方になります。

疑問文
Est-ce que vous parlez français ?
エ　ス　ク　ヴ　　　　パルレ　　　　フランセ

est-ce que　　　主語　　動詞　　　　　〜

あなたはフランス語を話しますか？

❸ 主語と動詞の倒置によるつくり方

　主語と動詞を倒置して疑問文をつくる方法です。主語が人称代名詞の場合は、動詞と主語を「- トレデュニオン（ハイフン）」でつなぎます。話し言葉だけでなく、書き言葉でも用いられるもっとも丁寧な疑問文のつくり方です。

疑問文
Parlez-vous français ?
パルレ　　　ヴ　　　　フランセ

　　　動詞　　主語　　　　〜
あなたはフランス語を話しますか？

疑問文の答え方

　疑問文には、Oui と Non で答えます。「はい」の場合は Oui、「いいえ」の場合は Non と答えましょう。

❶ 「はい」の場合

肯定文

ウィ　ジュ　パルル　アン　プ　フランセ
Oui, je parle un peu français.

はい、わたしはフランス語を少し話します。

❷ 「いいえ」の場合

否定文

ノン　ジュ　パルル　ジャポネ
Non, je parle japonais.

いいえ、わたしは日本語を話します。

疑問詞がつく疑問文のつくり方

フランス語の疑問詞にはつぎのようなものがあります。

ク **que**	キ **qui**	ウ **où**	カン **quand**
何	誰	どこ	いつ

コマン **comment**	コンビヤン **combien**	プルコワ **pourquoi**	ケル **quel**
どのように	いくら、いくつ	どうして	どんな

＊ quel は後に続く名詞にあわせて性と数が変化します（→ p.148）。

　それぞれの使い方は、疑問代名詞と疑問副詞のページ（p.134-149）で学習しますが、ここではまず、疑問詞を使った疑問文の語順が左のページの疑問詞がつかない疑問文の語順と同じであること覚えておきましょう。

✓チェック

❶ イントネーションによるつくり方

　主語＋動詞＋疑問詞？

❷ est-ce que をつけるつくり方

エ　ス　ク
　疑問詞＋ est-ce que ＋主語＋動詞？

❸ 主語と動詞の倒置によるつくり方

　疑問詞＋動詞＋主語？

疑問詞は、❷や❸のようにできれば文頭に置きたいのですが、肯定文の語順通りの❶では文の後方に残ることが多いのです。

書いてみよう

つぎの例文を書いて覚えましょう。

❶ Vous allez à Lyon ?
<small>ヴ ザレ ア リヨン</small>

あなたはリヨンに行きますか？

Vous allez à Lyon ?

> **ヒント** 「主語＋動詞〜」の語順で肯定文と同じなので、①のイントネーションによるつくり方です。

❷ Êtes-vous employé ?
<small>エット ヴ アンプロワイエ</small>

あなたは会社員（男性）ですか？

Êtes-vous employé ?

> **ヒント** 「動詞＋主語〜」の語順なので、③の倒置によるつくり方です。

❸ Est-ce que vous avez un (téléphone) portable ?
<small>エ ス ク ヴ ザヴェ アン テレフォンヌ ポルターブル</small>

あなたは携帯（電話）を持っていますか？

Est-ce que vous avez un (téléphone) portable ?

> **ヒント** 「est-ce que ＋主語＋動詞〜」の語順なので、②の文頭に est-ce que をつけるつくり方です。

> どの疑問文のつくり方でも、
> 話したり、書いたりできるように
> なりましょう。

聞き取ろう DL 2_14

音声を聞いて下線部にあてはまる単語を聞き取りましょう。

❶ _____ <ruby>japonais<rt>ジャポネ</rt></ruby> ?

あなたは日本人（男性）ですか？

_____ , je <ruby>suis<rt>スユイ</rt></ruby> <ruby>japonais<rt>ジャポネ</rt></ruby>.

<ruby>ジュ<rt></rt></ruby>

はい、日本人です。

❷ _____ <ruby>vous<rt>ヴ</rt></ruby> <ruby>êtes<rt>ゼット</rt></ruby> <ruby>étudiante<rt>エテュディヤーント</rt></ruby> ?

あなたは（女子）学生ですか？

_____ , je <ruby>suis<rt>スユイ</rt></ruby> <ruby>employée<rt>アンプロワイエ</rt></ruby>.

<ruby>ジュ<rt></rt></ruby>

いいえ、わたしは会社員（女性）です。

解いてみよう

つぎの例文を指示にしたがって書き直しましょう。

<ruby>Vous<rt>ヴ</rt></ruby> <ruby>êtes<rt>ゼット</rt></ruby> <ruby>français<rt>フランセ</rt></ruby> ?

あなた（がた）はフランス人（男性）ですか？

❶ <ruby>est-ce que<rt>エ ス ク</rt></ruby> を使った疑問文に

| |
| |

❷ 倒置の疑問文に

| |
| |

倒置による疑問文をつくるときには
トレデュニオン（ハイフン）を
忘れずに！

解答

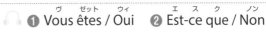

❶ <ruby>Vous êtes<rt>ヴ ゼット</rt></ruby> / <ruby>Oui<rt>ウィ</rt></ruby>　❷ <ruby>Est-ce que<rt>エ ス ク</rt></ruby> / <ruby>Non<rt>ノン</rt></ruby>

❶ <ruby>Est-ce que vous êtes français<rt>エ ス ク ヴ ゼット フランセ</rt></ruby> ?　❷ <ruby>Êtes-vous français<rt>エット ヴ フランセ</rt></ruby> ?

59

否定文

DL
2_15

否定文のつくり方は1つだけ。ただしエリジョンに気をつけましょう。

否定文のつくり方

肯定文の動詞を ne と pas で挟むことで「〜はない」という否定文をつくることができます。

$$主語 \ + \ ne \ + \ 動詞 \ + \ pas$$

n' （動詞が母音または無音の h で始まるとき）

つぎの肯定文を否定文にしてみましょう。

肯定文

ジュ　バルル　　フランセ
Je parle français.

わたしはフランス語を話します。

否定文

ジュ　ヌ　バルル　　パ　　フランセ
Je ne parle pas français.

わたしはフランス語を話しません。

否定の de

否定文で、直接目的語につく不定冠詞 (un, une, des) と部分冠詞 (du, de la, de l') は、de (d') になります（否定の de）。

肯定文

ジェ　ドゥ　ラルジャン
J'ai de l'argent.

わたしは（いくらかの量の）お金を持っています。

> 否定文にすると、いくつかある、いくらかの量がある、という意味の不定冠詞や部分冠詞は使えなくなるので、否定の de を使うのですね。

否定文

ジュ　ネ　パ　　ダルジャン
Je n'ai pas d'argent.

わたしはお金を持っていません。

（＝いくらかの量もなく、まったく持っていない）

否定疑問文のつくり方

否定疑問文のつくり方は、疑問文のつくり方と同じでやはり 3 通りあります（→ p.56）。

つぎの否定文を否定疑問文にしてみましょう。

 否定文

ヴ　ヌ　　　パルレ　　パ　　フランセ
Vous ne parlez pas français.

あなたはフランス語を話しません。

❶ イントネーションによるつくり方

 否定疑問文

ヴ　ヌ　　　パルレ　　パ　　フランセ
Vous ne parlez pas français ?

あなたはフランス語を話しませんか？

❷ 文頭にest-ce que をつけるつくり方

エ　ス　ク

 否定疑問文

エ　ス　ク　　ヴ　ヌ　　　パルレ　　パ　　フランセ
Est-ce que vous ne parlez pas français ?

あなたはフランス語を話しませんか？

❸ 主語と動詞の倒置によるつくり方

 否定疑問文

ヌ　　パルレ　　ヴ　　パ　　フランセ
Ne parlez-vous pas français ?

あなたはフランス語を話しませんか？

否定疑問文の答え方

疑問文には、Oui と Non で答えます（→ p.57）が、否定疑問文には、Si と Non で答えます。英語とも日本語とも答え方が異なるので気をつけましょう。

❶ 「いいえ」の場合（肯定で答える場合）

 肯定

スィ　ジュ　パルル　アン　プ　　フランセ
Si, je parle un peu français.

いいえ、わたしはフランス語を少し話します。

否定疑問文には
Oui と答えない
ように注意
しましょう。

❷ 「はい」の場合（否定で答える場合）

 否定

ノン　ジュ　ヌ　パルル　パ　トレ　ビヤン　フランセ
Non, je ne parle pas très bien français.

はい、わたしはフランス語をあまりよく話しません。

つぎの文章をなぞり書きしましょう。

❶ Je ne travaille pas aujourd'hui.
ジュ ヌ トラヴァイユ パ オジュルデュイ

わたしはきょうは仕事（勉強）をしません。

語彙 動 travailler「働く、勉強する」（第1群規則動詞） 副 aujourd'hui「きょう」

Je ne travaille pas aujourd'hui.

❷ On n'est pas encore à Paris.
オン ネ パ ザンコール ア パリ

わたしたちはまだパリにはいません。

語彙 代 on「人は（人々は）、わたしたちは（= nous）」
表現 ne pas encore「まだ〜ない」

On n'est pas encore à Paris.

聞き取ろう **DL 2_16**

音声を聞いて下線部にあてはまる単語を聞き取りましょう。

❶ Vous _____ parlez _____ anglais ?
ヴ パルレ アングレ

あなたは英語を話しませんか？

– _____ , je parle anglais.
ジュ パルル アングレ

いいえ、わたしは英語を話します。

❷ Tu _____ habites _____ à Strasbourg ?
テュ ナビット ア ストラスブール

きみはストラスブールに住んでいないの？

– _____ , j'habite à Marseille.
ジャビッ タ マルセイユ

ええ、わたしはマルセイユに住んでいるの。

解答

❶ ne / pas / Si ❷ n' / pas / Non
ヌ パ スィ パ ノン

解いてみよう

日本語の訳にあうように、下線部に下記の語群からあてはまる単語を入れましょう。
同じ単語を何度用いてもかまいません。

❶ Je ＿＿＿＿＿＿ vais pas en Italie cette année.
　　ジュ　　　　　　　　　　　ヴェ　パ　アン　ニタリ　セ　タネ

　今年は、わたしはイタリアに行きません。
　語彙　動 aller「行く」（→ p.106）　名女 Italie「イタリア」　表現 cette année「今年」

❷ Nous ne sommes ＿＿＿＿＿＿ étudiants.
　　ヌ　ヌ　ソム　　　　　　　　　　エテュディヤン

　わたしたちは学生ではありません。

❸ Vous ＿＿＿＿＿＿ voyez pas ?
　　ヴ　　　　　　　　　ヴォワイエ　パ

　あなたは見えませんか？（おわかりではないですか？）
　語彙　動 voir「〜が見える、〜をわかる」（不規則動詞）

❹ Je n'ai pas ＿＿＿＿＿＿ monnaie.
　　ジュ　ネ　パ　　　　　　　　　モネ

　わたしは小銭を持っていません。
　語彙　名女 de la monnaie

❺ Il n'y a pas ＿＿＿＿＿＿ café dans la tasse.
　　イル　ニ　ヤ　パ　　　　　　　カフェ　ダン　ラ　タス

　カップのなかにコーヒーはありません。
　語彙　名女 une tasse「カップ」

❻ Elle ne boit ＿＿＿＿＿＿ de vin.
　　エル　ヌ　ボワ　　　　　　　ドゥ　ヴァン

　彼女はワインを飲みません。
　語彙　動 boire「〜を飲む」（不規則動詞）

語群

パ	ヌ	ドゥ
pas	ne	de

> 否定文では、直接目的語
> につく冠詞 un, une, des,
> du, de la, de l' はすべて
> 否定の de になります。

解答

❶ ne　❷ pas　❸ ne　❹ de　❺ de　❻ pas
　ヌ　　　パ　　　ヌ　　　ドゥ　　ドゥ　　パ

命令文

命令だけではなく、依頼の表現にも使えます。

命令文のつくり方

　英語と同じように、主語を取って動詞から始まる文をつくります。ただし、英語と異なり、話しかける人（＝主語　tu（きみは）、vous（あなた（たち）は）、nous（わたしたちは））に応じて、3つの種類の命令文ができます。話しかける人が本人、またはそこにいないとき（＝主語　je（わたしは）、il（彼は）、elle（彼女は）、ils（彼らは）、elles（彼女たちは））については命令できません。

　次の肯定文を命令文にしてみましょう。

❶ Tu に対して「（きみは）〜しなさい」

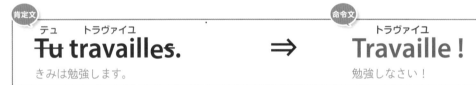

肯定文		命令文
T̶u̶ travailles.	⇒	**Travaille !**
きみは勉強します。		勉強しなさい！

Tu に対する命令では、第1群規則動詞の場合のみ、活用語尾 -es の s を取って -e にします。

❷ Vous に対して「（あなたは、あなたたちは）〜しなさい」

肯定文		命令文
V̶o̶u̶s̶ travaillez.	⇒	**Travaillez !**
あなた（たち）は勉強します。		勉強しなさい！

❸ Nous に対して「（わたしたちは）〜しましょう」

肯定文		命令文
N̶o̶u̶s̶ travaillons.	⇒	**Travaillons !**
わたしたちは勉強します。		勉強しましょう！

命令文のマジックボックス

travailler「働く、勉強する」		
	単数	複数
一人称	—	トラヴァイヨン Travaillons ! （わたしたちは）勉強しましょう！
二人称	トラヴァイユ Travaille ! （きみは）勉強しなさい！	トラヴァイエ Travaillez ! （あなた（たち）は）勉強しなさい！

＊第1群規則動詞の場合のみ、tu の命令形は活用語尾 -es が -e に変化します。

動詞 travailler の基本的な意味は「働く」です。学生や生徒にとっては「勉強する」という意味にもなります。具体的な目的語を入れて「〜を勉強する、〜を学ぶ」と言うには、動詞 étudier を使いましょう。

語調緩和で依頼ができる命令法

やわらかい語調でお願いするように話すことで、「〜しなさい」という強い命令ではなく、「〜してください」と依頼することができます。

とくに、文の末尾に s'il te plaît（tu に対して）、s'il vous plaît（vous に対して）をつけることで、「お願いします」という依頼の気持ちをしっかり伝えることができます。

パルル　プリュ　フォール　スィル　トゥ　プレ
Parle plus fort, s'il te plaît.

もっと大きな声で話してよ。

パルレ　プリュ　ラントマン　スィル　ヴ　プレ
Parlez plus lentement, s'il vous plaît.

もう少しゆっくり話してください。

書いてみよう

つぎの例文をなぞり書きしましょう。

❶ Allez à la faculté.
<ruby>Allez<rt>アレ</rt></ruby> <ruby>à<rt>ア</rt></ruby> <ruby>la<rt>ラ</rt></ruby> <ruby>faculté<rt>ファキュルテ</rt></ruby>

大学に行きなさい。

Allez à la faculté.

❷ Cherche des gants.
<ruby>Cherche<rt>シェルシュ</rt></ruby> <ruby>des<rt>デ</rt></ruby> <ruby>gants<rt>ガン</rt></ruby>

手袋を探しなさい。

語彙 動 chercher「〜を探す」(第1群規則動詞) 名 男 複 des gants「手袋」

Cherche des gants.

❸ Travaillons ensemble.
<ruby>Travaillons<rt>トラヴァイヨン</rt></ruby> <ruby>ensemble<rt>アンサーンブル</rt></ruby>

一緒に勉強しましょう。

語彙 副 ensemble「一緒に」

Travaillons ensemble.

聞き取ろう DL 2_18

音声を聞いて下線部にあてはまる単語を聞き取りましょう。

❶ ＿＿＿＿＿＿ vite.
<ruby>vite<rt>ヴィット</rt></ruby>

速く歩きなさい。

語彙 動 marcher「歩く」(第1群規則動詞) 副 vite「速く」

❷ ＿＿＿＿＿＿ plus lentement.
<ruby>plus<rt>プリュ</rt></ruby> <ruby>lentement<rt>ラントマン</rt></ruby>

もう少しゆっくり話してください。

語彙 副 plus「もっと、より多く」 副 lentement「ゆっくりと」

❸ ＿＿＿＿＿＿ bien.
<ruby>bien<rt>ビヤン</rt></ruby>

よく勉強しなさい。

どれも動詞が「エ」の発音で終わっているのが聞き取れますか。Vous「あなた」に対する命令形の活用語尾 -ez になっているのですね。

解答

 ❶ <ruby>Marchez<rt>マルシェ</rt></ruby> ❷ <ruby>Parlez<rt>パルレ</rt></ruby> ❸ <ruby>Travaillez<rt>トラヴァイエ</rt></ruby>

解いてみよう

（1）日本語の訳の意味にあうように、【 】の動詞を活用させて下線部に入れましょう。

❶ ＿＿＿＿＿ ensemble.　【Chanter】
アンサーンブル　　　　　　　　　　　シャンテ

一緒に歌いましょう。

語彙 動 chanter「歌う」（第1群規則動詞）
シャンテ

❷ ＿＿＿＿＿ français en classe.　【Parler】
フランセ　　アン　クラース　　　　　　　　パルレ

（vous「あなたたち」に対して）教室ではフランス語を話しなさい。

❸ ＿＿＿＿＿ bien.　【Travailler】
ビヤン　　　　　　　トラヴァイエ

（tu「きみ」に対して）よく勉強しなさい。

> 第1群規則動詞（-er 動詞）（→ p.44）の活用を思い出しましょう。命令文の動詞の活用は肯定文と同じです。tu のときだけ -es の s を取ってくださいね。

（→ p.44）

（2）つぎの例文を並べ替えて文章をつくりましょう。（文頭の文字も小文字にしています。）

❶ フィアンセに手紙を送りなさい。

une lettre / envoyez / à votre fiancé /.
ユヌ　レットル　アン ヴォワイエ　ア ヴォトル　フィアンセ

語彙 名 fiancé (e)「婚約者」
フィアンセ

❷ もう少しゆっくり話してください。

plus lentement / s'il vous plaît / parlez / , / .
プリュ　　ラントマン　スィル ヴ プレ　　パルレ

解答

（1）❶ Chantons ❷ Parlez ❸ Travaille
シャントン　　パルレ　　トラヴァイユ

（2）❶ Envoyez une lettre à votre fiancé. ❷ Parlez plus lentement, s'il vous plaît.
アン ヴォワイエ ユヌ レットル ア ヴォトル フィアンセ　　パルレ プリュ ラントマン スィル ヴ プレ

67

Chapitre 2

指示形容詞・指示代名詞

DL
2_19

指示形容詞は、名詞につけて「この〜」「あの〜」「その〜」と指し示す言い方です。
指示代名詞は、前に出てきた名詞を「それ（ら）」と指し示す言い方です。

指示形容詞

指示形容詞は、名詞につけて「この〜」「あの〜」「その〜」と指し示す言い方です。
名詞の性と数にあわせて形が4つに変化します。

ルールが
ひとめで
わかる！ **指示形容詞のマジックボックス**

	単数形	複数形
男性形	ス ヴェロ **ce vélo** この（あの、その）自転車 セッ タヴィヨン **cet avion** この（あの、その）飛行機	セ トラン **ces trains** これらの（あれらの、それらの）電車
女性形	セット ヴォワテュール **cette voiture** この（あの、その）車	

＊男性名詞の単数形につく ce は、母音または無音の h で始まる単語の前では cet となり、つぎの語と続けて発音されます。

 例文

ジュ プラン セッ タヴィヨン
Je prends cet avion.

わたしはこの飛行機に乗ります。

また、遠近の関係を表すこともでき、指示形容詞のついた名詞の後ろに -ci, -là を
つけて区別します。

近いもの	遠いもの
ス シャポー スィ **ce chapeau-ci**	セット ローブ ラ **cette robe-là**
こちらの帽子	あちらのワンピース

 例文

ジュ プ ルガルデ セット ローブ ラ
Je peux regarder cette robe-là ?

あちらのワンピースを見てもよいですか？

指示代名詞

　指示代名詞は、前に出てきた名詞を「それ（ら）」と指し示す言い方です。性と数によって変化するものとしないものがあります。本書では、日常的によく使う、性と数によって変化しない指示代名詞のみ解説します。

❶ 指示代名詞ce

　ce「これ（ら）は、それ（ら）は」はつねに動詞être「～である」の主語になり、人、もの、ことがらを指し示します（→ p.86）。

C'est un écrivain.
セ タン ネクリヴァン

その人は作家です。

C'est très gentil.
セ トレ ジャンティ

それはとてもご親切に。

＊ ce は後ろに母音または無音の h で始まる語が続くと c' とエリジョンします（→ p.27）。

❷ 指示代名詞ceci と cela（ça）

　ceci「これ、それ」と cela（ça）「あれ、それ」は普通の名詞と同じように、主語や目的語として用いられます。名詞の代わりになって、ものやことがらを指し示します。なお、ça は cela の簡略な形です。

Ça va ？ － Oui, ça va.
サ ヴァ　　ウィ サ ヴァ

元気ですか？　　　－ええ、元気です。

Donnez-moi ceci.　　　**Donnez-moi ça.**
ドネ モワ ススィ　　　　　ドネ モワ サ

これをください。《丁寧な言い方》　　それください。《カジュアルな言い方》

＊《Donnez-moi.》の moi は間接目的語 me の命令形につく形です（→ p.76）。

　ceci と cela を対比的に用いて、遠近を表すこともあります。

Je préfère ceci à cela.
ジュ プレフェール ススィ ア スラ

わたしはあちらよりもこちらが好みです。

　この ceci の ci と cela の la は、前のページで学んだ -ci（近いもの）と -là（遠いもの）に似ていますね！　ちなみに動詞 préférer A à B で「B よりも A を好む」という意味です。

書いてみよう

つぎの指示形容詞をなぞり書きし、「この〜」と書いてみましょう。

ス　　ヴェロ ce vélo この自転車	セ　　ヴェロ ces vélos これらの自転車
セッ　　タヴィヨン cet avion この飛行機	セ　　ザヴィヨン ces avions これらの飛行機
セット　　ヴォワテュール cette voiture この車	セ　　ヴォワテュール ces voitures これらの車

聞き取ろう　DL 2_20

音声を聞いて下線部にあてはまる指示形容詞を聞き取りましょう。

❶ ジュ　コネ　　　　　　　トム
Je connais _____ homme.

わたしはこの男性（人）を知っています。

> 語彙　動 connaître「〜を知っている」（不規則動詞）

❷ ジャビット　　　　　　　タパルトマン
J'habite _____ appartement.

わたしはこのアパルトマン（マンション）に住んでいます。

> 語彙　名 男 un appartement「アパルトマン、マンション」

❸ ヴ　ザヴェ　　ラドレス　　ドゥ　　　　　　　トテル
Vous avez l'adresse de _____ hôtel ?

あなたはこのホテルの住所を持っていますか（知っていますか）？

> 語彙　名 女 une adresse「住所」

母音または無音の h ではじまる
単語に気をつけましょう。

解答

❶ セッ cet ❷ セッ cet ❸ セッ cet

70

聞き取ろう DL 2_21

音声を聞いて下線部にあてはまる指示形容詞を聞き取りましょう。

❶ J'aime ＿＿＿＿ tableau-ci.
ジェム　　　　　　タブロー　スィ

わたしはこちらの方の絵が好きです。
語彙 名男 un tableau「絵」

❷ Je préfère ＿＿＿＿ robe-là.
ジュ　プレフェール　　　　ローブ　ラ

わたしはあちらの方のワンピースが好みです。
語彙 名女 une robe「ワンピース」

近くにあるものには、-ci を、
遠くにあるものには -là を
つけるんでしたね。

解いてみよう

下線部にあてはまる指示代名詞を入れましょう。

❶ Ça va ?
サ　ヴァ

元気？

– Oui, ＿＿＿＿ va très bien. Et toi ?
ウィ　　　　　　ヴァ　トレ　ビヤン　エ　トワ

うん、とても元気だよ。きみはどう？
ヒント 《Ça va ?》「元気？」、《Ça va.》「元気だよ」は日常的によく使うカジュアルなあいさつ表現です。

❷ Ça marche bien ?
サ　マルシュ　　ビヤン

（それは）うまく行っていますか？

– Non, ＿＿＿＿ ne marche pas très bien.
ノン　　　　　　ヌ　マルシュ　パ　トレ　ビヤン

いいえ、（それは）あまりうまく行っていません。
ヒント 《Ça marche.》は「仕事などが順調である」、「機械などがよく動いている」という表現です。

解答

🎧 ❶ ce（ス） ❷ cette（セット）
📚 ❶ ça（サ） ❷ ça（サ）

所有形容詞・所有代名詞

DL 2_22

所有形容詞は、名詞につけて「わたしの〜」という言い方です。
所有代名詞は、「わたしのもの」のように名詞の代わりになる言い方です。

所有形容詞

　所有形容詞は、名詞につけて「わたしの〜」という言い方です。名詞にあわせて性と数が変化します。所有者の性と数ではなく、名詞の性と数にあわせる点に注意しましょう。

ルールがひとめでわかる！

所有形容詞のマジックボックス

	男性単数形	女性単数形	複数形
わたしの	モン ペール mon père わたしの父	マ メール ma mère わたしの母	メ パラン mes parents わたしの両親
きみの	トン ペール ton père きみの父	タ メール ta mère きみの母	テ パラン tes parents きみの両親
彼（彼女）の	ソン ペール son père 彼（彼女）の父	サ メール sa mère 彼（彼女）の母	セ パラン ses parents 彼（彼女）の両親
わたしたちの	ノトル ペール メール notre père (mère) わたしたちの父（母）		ノ パラン nos parents わたしたちの両親
あなた（たち）の	ヴォトル ペール メール votre père (mère) あなたたちの父（母）		ヴォ パラン vos parents あなたたちの両親
彼ら （彼女たち）の	ルル ペール メール leur père (mère) 彼ら（彼女たち）の父（母）		ルル パラン leurs parents 彼ら（彼女たち）の両親

＊女性単数形の ma, ta, sa は、母音または無音の h で始まる単語の前では mon, ton, son となります。

 例文

セ モン ペール
C'est mon père.

こちらがわたしの父です。

 例文

セ タ メール
C'est ta mère ?

こちらがきみのお母さん？

所有代名詞

　所有代名詞は、「わたしのもの」のように名詞の代わりになる言い方です。名詞にあわせて性と数が変化します。こちらも、所有者の性と数ではなく、所有されているものの名詞の性と数にあわせます。

ルールがひとめでわかる！ 所有代名詞のマジックボックス

	男性単数形	女性単数形	男性複数形	女性複数形
わたしのもの	ル ミャン le mien	ラ ミエンヌ la mienne	レ ミャン les miens	レ ミエンヌ les miennes
きみのもの	ル ティヤン le tien	ラ ティエンヌ la tienne	レ ティヤン les tiens	レ ティエンヌ les tiennes
彼（彼女）のもの	ル スィヤン le sien	ラ スィエンヌ la sienne	レ スィヤン les siens	レ スィエンヌ les siennes
わたしたちのもの	ル ノートル le nôtre	ラ ノートル la nôtre	レ ノートル les nôtres	
あなた（たち）のもの	ル ヴォートル le vôtre	ラ ヴォートル la vôtre	レ ヴォートル les vôtres	
彼ら（彼女たち）のもの	ル ルール le leur	ラ ルール la leur	レ ルール les leurs	

例文

セ トン シャン セ ル ミャン
C'est ton chien ? C'est le mien.

これ、きみの犬？　これはわたしの（犬）よ。

シャン
chein「犬」は男性単数形なので、
モン シャン
「わたしの」をつけると mon chien
になります。これを、「わたしのもの」
ル ミャン
と言い換えると le mien になります。

書いてみよう

つぎの所有形容詞をなぞり書きして、「わたしの〜」「きみの〜」「彼（彼女）の〜」と言ってみましょう。

モン　　サック mon sac わたしのかばん	マ　　　メゾン ma maison わたしの家	メ　　　リーヴル mes livres わたしの本	メ　　　クレ mes clefs わたしの鍵
トン　　サック ton sac きみのかばん	タ　　　メゾン ta maison きみの家	テ　　　リーヴル tes livres きみの本	テ　　　クレ tes clefs きみの鍵
ソン　　サック son sac 彼（彼女）のかばん	サ　　　メゾン sa maison 彼（彼女）の家	セ　　　リーヴル ses livres 彼（彼女）の本	セ　　　クレ ses clefs 彼（彼女）の鍵

所有されているものの
性と数にあわせて、
形が変わるんでしたね。

聞き取ろう **DL 2_23**

音声を聞いて下線部にあてはまる所有形容詞を聞き取りましょう。

❶ セ　ル　　ガトー　　ドゥ　ピエール
C'est le gâteau de Pierre ?

これはピエールのケーキですか？

ウィ　セ　　　　　　　　　ガトー
– Oui, c'est _____ gâteau.

はい、これは彼のケーキです。

 图男 un gâteau「ケーキ、菓子」

❷ セ　ラ　ヴァリーズ　ドゥ　トン　　ペール
C'est la valise de ton père ?

これはきみのお父さんのスーツケースですか？

名詞についている冠詞が
男性名詞か女性名詞かを
見分けるヒントですよ
（→ p. 36）。

ノン　ス　ネ　パ　　　　　　　　ヴァリーズ
– Non, ce n'est pas _____ valise.

いいえ、これは彼のスーツケースではありません。

解答

🎧 **❶** ソン son **❷** サ sa

74

書いてみよう

つぎの所有代名詞をなぞり書きして、「わたしのもの」「きみのもの」「彼（彼女）のもの」「彼ら（彼女たち）のもの」と言ってみましょう。

mon sac モン サック わたしのかばん	⇒	le mien ル ミャン わたしのもの	**mes livres** メ リーヴル わたしの本 ⇒ les miens レ ミャン わたしのもの	
ma maison マ メゾン わたしの家	⇒	la mienne ラ ミエンヌ わたしのもの	**mes clefs** メ クレ わたしの鍵 ⇒ les miennes レ ミエンヌ わたしのもの	
son stylo ソン スティロ 彼（彼女）のペン	⇒	le sien ル スィヤン 彼（彼女）のもの	**sa famille** サ ファミーユ 彼（彼女）の家族 ⇒ la sienne ラ スィエンヌ 彼（彼女）のもの	
tes chiens テ シャン きみの犬たち	⇒	les tiens レ ティヤン きみのもの	**leur chat** ルル シャ 彼ら（彼女たち）の猫 ⇒ le leur ル ルール 彼ら（彼女たち）のもの	

Chapitre 2　フランス語の基礎文法

解いてみよう

下線部にあてはまる所有代名詞を入れましょう。

❶ Ce sont tes clefs ?
ス ソン テ クレ
これはきみの鍵ですか？

> 語彙　图图 une clef「鍵、キー」
> ユヌ クレ

– Oui, ce sont ＿＿＿＿＿＿＿ .
ウィ ス ソン
はい、これはわたしのものです。

❷ Est-ce votre maison ?
エス ヴォートル メゾン
これはあなた（たち）の家ですか？

> 語彙　图图 une maison「家」
> ユヌ メゾン

– Non, ce n'est pas ＿＿＿＿＿＿＿ .
ノン ス ネ パ
いいえ、これはわたし（たち）のものではありません。

> ヒント　答えは2通り考えられます。

所有されているものの
名詞の性と数を
考えましょう。

解答

　❶ les miennes　❷ la mienne（または la nôtre）
レ ミエンヌ　　　ラ ミエンヌ　　　　ラ ノートル

75

人称代名詞

代名詞の山場です。日常的によく使うのでしっかり覚えましょう。

補語人称代名詞

ものや人などの名詞の繰り返しを避けるため、「それを」「彼に」などのように補語人称代名詞に置き換えることができます。補語人称代名詞には直接補語（英語の直接目的語）と間接補語（英語の間接目的語）の2つの種類があり、いずれも性と数にあわせて変化します。具体的な使い方を学習する前に、つぎの表を見てみましょう。

ルールがひとめでわかる！

補語人称代名詞の マジックボックス

	単数形		複数形	
	直接補語「〜を」	間接補語「〜に」	直接補語「〜を」	間接補語「〜に」
一人称	ム me (m') わたしを	ム me (m') わたしに	ヌ nous わたしたちを	ヌ nous わたしたちに
二人称	トゥ te (t') きみを	トゥ te (t') きみに	ヴ vous あなたたちを	ヴ vous あなたたちに
三人称	ル le (l') 彼を／それを ラ la (l') 彼女を／それを	リュイ lui 彼に 彼女に	レ les 彼らを／それらを 彼女たちを／それらを	ルル leur 彼らに 彼女たちに

＊母音または無音の h で始まる単語の前では、（ ）のようにエリジョンします。
＊直接補語の三人称（le, la, les）は人だけでなく、前に出てきた名詞を受けることもあります。
＊肯定命令文では me は moi、te は toi になり、トレデュニオンとともに動詞の後ろに入ります（→ p.69）。

補語人称代名詞の使い方

はじめに、補語人称代名詞を用いない文章を見てみましょう。

例文

ジョフル ス カドー ア マ メール
J'offre ce cadeau à ma mère.

わたしはこのプレゼントをわたしの母に贈ります。

この例文を補語人称代名詞（直接補語、間接補語）を用いた文章にすると次のようになります。英語とは異なり、補語人称代名詞は動詞の直前に入れるのが、フランス語特有のポイントです。

❶直接補語（直接目的語）を用いて

直接補語は、前置詞なしで直接的に動詞の目的語になる代名詞です。おもに「〜を」と訳します。

Je l'offre à ma mère.
ジュ　ロフル　ア　マ　メール

わたしはそれをわたしの母に贈ります。

l' ＝ ce cadeau
それを　　　このプレゼントを

❷間接補語（間接目的語）を用いて

間接補語は、前置詞（à または de）を伴って間接的に動詞の目的語になる代名詞です。おもに「〜に」と訳します。

Je lui offre ce cadeau.
ジュ　リュイ　オフル　ス　カドー

わたしはこのプレゼントを彼女に贈ります。

lui ＝ à ma mère
彼女に　　　わたしの母に

❸直接補語と間接補語をともに用いて

Je le lui offre.
ジュ　ル　リュイ　オフル

わたしはそれを彼女に贈ります。

le ＝ ce cadeau
それを　　　このプレゼントを

lui ＝ à ma mère
彼女に　　　わたしの母に

人称代名詞の強勢形

人称代名詞にはもうひとつ、主語人称代名詞（→ p.44）の強勢形があります。強勢形は主語人称代名詞を強めるための形で、つぎの3つの使い方があります。

❶主語の強調

主語を強調したいときは、強勢形にして、主語人称代名詞を重ねます。

Moi, je m'appelle Anne.
モワ　ジュ　マペル　アンヌ

わたし、わたしの名前はアンヌです。

❷属詞として（être の後ろ）

動詞 être の後ろは強勢形になります。

Allô, c'est moi.
アロー　セ　モワ

もしもし、こちらはわたしです。

❸前置詞の後ろ

前置詞の後ろは強勢形になります。

Marie vient chez moi.
マリ　ヴィヤン　シェ　モワ

マリーはわたしの家に来ます。

ルールがひとめでわかる！ 人称代名詞の強勢形のマジックボックス

moi	toi	lui	elle	nous	vous	eux	elles
モワ	トワ	リュイ	エル	ヌ	ヴ	ウ	エル
わたし	きみ	彼	彼女	わたしたち	あなたたち	彼ら	彼女たち

書いてみよう

つぎのそれぞれの代名詞をなぞり書きしましょう。

主語「～は」	直接補語「～を」	間接補語「～に」	強勢形
ジュ **je** わたしは	ム me (m') わたしを	ム me (m') わたしに	モワ moi わたし
テュ **tu** きみは	トゥ te (t') きみを	トゥ te (t') きみに	トワ toi きみ
イル **il** 彼は	ル le (l') 彼を、それを	リュイ lui 彼に、彼女に	リュイ lui 彼
エル **elle** 彼女は	ラ la (l') 彼女を、それを		エル elle 彼女
ヌ **nous** わたしたちは	ヌ nous わたしたちを	ヌ nous わたしたちに	ヌ nous わたしたち
ヴ **vous** あなたは、あなたたちは	ヴ vous あなたを、あなたたちを	ヴ vous あなたに、あなたたちに	ヴ vous あなた、あなたたち
イル **ils** 彼らは	レ les 彼らを、彼女たちを、 それらを	ルル leur 彼らに、彼女たちに	ウ eux 彼ら
エル **elles** 彼女たちは			エル elles 彼女たち

聞き取ろう

DL 2_25

音声を聞いて、下線部にあてはまる直接補語「～を」を聞き取りましょう。

❶
ジュ　　　　　　　　　ザンヴィット　　オ　　　　　レストラン　　　　　ス　ソワール　　　　ダコール
Je ＿＿ invite au restaurant ce soir. D'accord ?

今晩は、わたしがあなたをレストランに招待します（＝ご馳走します）。よろしいですか？

語彙 動 inviter「～を招待する」（第1群規則動詞）　アンヴィテ

表現 ce soir「今晩」 d'accord「わかった、賛成だ」　ス ソワール　ダコール

❷
テュ　　　コネ　　　　セッ　タクトゥール　　　　　　ウィ　ジュ　　　　　ラドール
Tu connais cet acteur ? – Oui, je ＿＿ adore.

この俳優を知ってる？　ええ、彼のこと大好きだわ。

語彙 動 adorer「～が大好きだ」（第1群規則動詞）　アドレ

解答

🎧 ❶ vous ❷ l'　ヴ

78

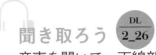

聞き取ろう 📥 2_26

音声を聞いて、下線部にあてはまる間接補語「〜に」を聞き取りましょう。

❶ Tiens ! Je _____ offre un cadeau.
ティヤン　　ジュ　　　　　　　トフル　アン　　カドー

ほら！（わたしは）きみにプレゼントを贈るよ。

❷ On va en bus ou en métro ?
オン　ヴァ　アン　ビュス　ウ　アン　メトロ

バスで行く？　それとも地下鉄で行く？

> **語彙** 代 on「人は（人々は）、わたしたちは（= nous）」
> オン

> **表現** en bus「バスで」 en métro「地下鉄で」
> アン ビュス　　　　アン メトロ

– Ça _____ est égal.
サ　　　　　　　　メ　テガル

（わたしには）どちらでもかまわないわ。

> **ヒント** égal à 〜（間接補語）「（〜）にとってどちらでもいい」
> エガル ア

> エリジョンに
> 気をつけて！

解いてみよう

日本語訳にあう補語人称代名詞を下線部に入れてみましょう。

❶ Je _____ aime.
ジュ　　　　　テム

（きみを）愛しているよ。

❷ Tu peux _____ passer le sel ?
テュ　プ　　　　　　　バセ　ル　セル

（わたしに）お塩を取ってもらえる？

> **語彙** 動 passer もの à 人 「（人）に（もの）を渡す」（第1群規則動詞）
> バセ　　　　ア

> **表現** Tu peux ＋動詞の原形「〜してもらえる？」（→ p.122）
> テュ プ

> ❶は「きみを」なので直接補語、
> ❷は「わたしに」なので、
> 間接補語ですね！

Chapitre 2　フランス語の基礎文法

解答

🎧 ❶ t' ❷ m'　📖 ❶ t' ❷ me
　　　　　　　　　　　　　　ム

79

天気や気温の表し方

DL 2_27 フランス語で天気を
言えるようになりましょう。

天気の表し方

天気がよい、または悪いと言うには «Il fait ～ .» の形を使います。この il は非人
称の il とよばれるもので、「彼は」や「それは」の意味はありません（→ p.30,
94）。fait は動詞 faire の三人称単数形の活用です（→ p.114）。

| イル フェ ボ
Il fait beau.
天気がいいです。 | イル フェ モヴェ
Il fait mauvais.
天気が悪いです。 |

また、天気を表す動詞には、pleuvoir「雨が降る」、neiger「雪が降る」などがあ
りますが、ほぼ三人称の活用しか使うことはないので、例文ごと覚えてしまいま
しょう。

| イル プル
Il pleut.
雨が降っています。 | イル ネージュ
Il neige.
雪が降っています。 |

暑い・寒いの表し方

暑い、寒いを言うのにも非人称の «Il fait ～ .» を使います。

| イル フェ ショ
Il fait chaud.
暑いです。 | イル フェ フロワ
Il fait froid.
寒いです。 |

気温の表し方

気温を言うのにも、«Il fait ～ .» を使います。

| イル フェ トラーント ドゥグレ
Il fait 30 degrés.
（気温は）30 度です。 |

非人称の il は
時間（→ p.30）を
言うのにも使いましたね。

Chapitre 3
フランス語の重要フレーズ

レ　フラーズ　ザンポルターント
Les phrases importantes

よく使うフレーズを学習します。
基本となる動詞や疑問詞を押さえれば
自分で文章を組み立てて
表現できるようになります。

〜です 動詞 être

国籍や職業を言えるようになりましょう。

ジュ　スュイ　　　　ジャポネーズ
Je suis japonaise.

主語	動詞 être	属詞
わたしは	日本人（女性）	です。

Point 1 動詞 être の意味と活用

フランス語の être は英語の be 動詞「〜です」にあたります。よく使う動詞なので、活用をしっかり覚えましょう。

活用

être「〜である」

一人称	ジュ スュイ **Je suis** わたしは〜です	ヌ ソム **Nous sommes** わたしたちは〜です
二人称	テュ エ **Tu es** きみは〜です	ヴ ゼット **Vous êtes** あなた（たち）は〜です
三人称（男性）	イ レ **Il est** 彼は〜です	イル ソン **Ils sont** 彼らは〜です
三人称（女性）	エ レ **Elle est** 彼女は〜です	エル ソン **Elles sont** 彼女たちは〜です

Point 2 être の使い方

ジュ スュイ
Je suis のあとに、国籍や職業を続けると、「わたしは〜です」と自己紹介することができます。この場合、国籍や職業を表す属詞は無冠詞の名詞または形容詞で主語の性と数に一致します（→ p.34）。

例文

ジュ スュイ ジャポネ(ーズ)
Je suis japonais(e).

わたしは日本人です。

ジュ スュイ アンプロワイエ
Je suis employé(e).

わたしは会社員です。

使ってみよう

実際の会話ではつぎのように使われます。

Vincent（ヴァンサン）

Je suis Vincent. Je suis français.
（ジュ スュイ ヴァンサン ジュ スュイ フランセ）

ぼくはヴァンサン。フランス人（男性）だよ。

☞ **Point**

«Je suis 〜 .» の
〜に名前や国籍、
職業を入れて
自己紹介することが
できます。

Vous êtes japonaise ?
（ヴ ゼット ジャポネーズ）

あなたは日本人（女性）ですか？

Miho（ミホ）

Oui, je suis japonaise. Je m'appelle Miho.
（ウィ ジュ スュイ ジャポネーズ ジュ マペル ミホ）

はい、わたしは日本人（女性）です。わたしの名前はミホです。

Vincent（ヴァンサン）

Enchanté, Miho.
（アンシャンテ ミホ）

はじめまして、ミホ。

☞ **Point**

気持ちを伝える
こともできます
（→ プラスα ）。

Je suis ravi de vous rencontrer.
（ジュ スュイ ラヴィ ドゥ ヴ ランコントレ）

お会いできて嬉しいです。

▶ 語彙・表現

- Je m'apelle 〜 .（ジュ マペル）
  わたしの名前は〜です。
- Enchanté(e).（アンシャンテ）
  はじめまして。
- ravi(e)（ラヴィ）
  〔形〕とても嬉しい、大喜びの
- rencontrer（ランコントレ）
  〔動〕〜に会う（第1群規則動詞）

プラスα

être を使って気持ちを表現
（エートル）

être は喜びや嬉しさなど、自分の気持ちを伝えるときにも使うことができます。être のあとに気持ちを表す形容詞を入れましょう。形容詞は主語の性と数に一致します。
（エートル）

Je suis ＋ 感情 .
（ジュ スュイ）

例文 **Je suis content(e).**
（ジュ スュイ コンタン(コンターント)）

わたしは嬉しいです。

活用を覚えよう

動詞 être エートル を主語にあわせてなぞり書きしましょう。

	être エートル 「〜である」	
一人称	**Je suis** ジュ スュイ わたしは〜です	**Nous sommes** ヌ ソム わたしたちは〜です
二人称	**Tu es** テュ エ きみは〜です	**Vous êtes** ヴ ゼット あなた（たち）は〜です
三人称 （男性）	**Il est** イ レ 彼は〜です	**Ils sont** イル ソン 彼らは〜です
三人称 （女性）	**Elle est** エ レ 彼女は〜です	**Elles sont** エル ソン 彼女たちは〜です

書いてみよう

つぎの例文を書いて覚えましょう。

❶ Elle est chanteuse.
エ レ シャントゥーズ

彼女は歌手です。

Elle est chanteuse.

語彙 [名] chanteur / chanteuse シャントゥール シャントゥーズ 「歌手」

❷ Je suis ravi de vous rencontrer.
ジュ スュイ ラヴィ ドゥ ヴ ランコントレ

お会いできて嬉しいです。

Je suis ravi de vous rencontrer.

解いてみよう

つぎの下線部に être を適切な形に活用させて入れましょう。
<small>エートル</small>

❶ Vous _____ étudiant ?
<small>ヴ</small> <small>エテュディヤン</small>

あなたは（男子）学生ですか？

❷ Il _____ acteur.
<small>イ</small> <small>アクトゥール</small>

彼は俳優です。

語彙 图 acteur / actrice「俳優／女優」
<small>アクトゥール アクトリス</small>

❸ Ils _____ frères.
<small>イル</small> <small>フレール</small>

彼らは兄弟です。

❹ Je ne _____ pas étudiante.
<small>ジュ ヌ</small> <small>パ</small> <small>エテュディヤーント</small>

わたしは（女子）学生ではありません。

 聞き取ろう DL 3_02

音声を聞いて例文を書き取りましょう。

❶ _____

わたしは会社員です。 **語彙** 图 employé(é)「会社員」
<small>アンプロワイエ</small>

❷ _____

わたしは嬉しいです。 **語彙** 形 content(e)「嬉しい」
<small>コンタン(コンターント)</small>

> employé(é) は男性形も女性形も発音が同じなので、どちらでも正解です。
> <small>アンプロワイエ</small>

Chapitre 3　フランス語の重要フレーズ

解答

 ❶ êtes ❷ est ❸ sont ❹ suis ❶ Je suis employé(e). ❷ Je suis contente.
<small>ゼット</small> <small>レ</small> <small>ソン</small> <small>スュイ</small> <small>ジュ スュイ アンプロワイエ</small> <small>ジュ スュイ コンタント</small>

ものやことがらを説明するのに便利な表現です。

セ　　テュヌ　　タル　　ト　　スィトロン
C'est une tarte au citron.

主語 動詞 être　　　　　　　　　　　　属詞

これは　　レモンのタルト　　です。

Point 1 指示代名詞 ce

主語の C' は指示代名詞 ce で、性と数の区別なく使うことができます（→ p.69）。属詞に入る名詞や形容詞が、単数の場合は「これは」、複数の場合は「これらは」と訳します。

Point 2 動詞 être

「これは〜です」という表現では、動詞は être が使われます。主語が ce なので、動詞の活用は一人称や二人称ではなく、三人称（単数および複数）が使われます（→ p.45, p.82）。

être「〜である」			
	単数形		複数形
三人称	**C'est** これは〜です		**Ce sont** これらは〜です

* ce は後ろに母音または無音の h で始まる語が続くと c' とエリジョンします（→ p.27, p.69）。

セ　　テュヌ　　タル　　ト　　フレーズ
C'est une tarte aux fraises.

これはイチゴのタルトです。

ス　ソン　デ　　　　タルトレット　　オ　フリュイ
Ce sont des tartelettes aux fruits.

これらはフルーツのタルトレットです。

使ってみよう

実際の会話ではつぎのように使われます。

ル ヴァンドゥール
Le vendeur　ボンジュール　マダム　ヴ　デズィレ
Bonjour, madame. Vous désirez ?

店員　こんにちは。いかがいたしましょうか？

サチエ
Sachié　ジュ　ヴドゥレ　ユヌ　タルト
Je voudrais une tarte… .

タルトをひとつ欲しいのですが…。

ケ　ス　ク　セ
Qu'est-ce que c'est ?

これは何ですか？

ル ヴァンドゥール
Le vendeur　セ　テュヌ　タルト　スィトロン
C'est une tarte au citron.

これはレモンのタルトです。

エ　ラ　ス　ソン　デ　タルレット　オ　フリュイ
Et là, ce sont des tartelettes aux fruits.

それから、これらはフルーツのタルトレットです。

> ☞ **Point**
>
> «C'est 〜 .»,
> ス　ソン
> «Ce sont 〜 .» で
> 「これは〜です」と
> 説明できます。

> **語彙・表現**
>
> ル　ヴァンドゥール　ラ　ヴァンドゥーズ
> ● le vendeur / la vendeuse
> 名 店員
>
> ケ　ス　ク　セ
> ● Qu'est-ce que c'est ?
> これは何ですか？
>
> ユヌ　タルト　ト　スィトロン
> ● une tarte au citron
> 名 女 レモンのタルト
>
> ユヌ　タルトレット　オ　フリュイ
> ● une tartelette aux fruits
> 名 女 フルーツのタルトレット

プラスα

ケ　ス　ク　セ
Qu'est-ce que c'est ?

c'est の前に疑問代名詞の que (qu') 「何」を置き、
エ　ス　ク
est-ce que の疑問文をつくります（→ p.134）。
知らないものやわからないことがあったら、こう尋ね
てみましょう。

例文

ケ　ス　ク　セ
Qu'est-ce que c'est ?

これは何ですか？

活用を覚えよう

動詞 être（エートル）を主語にあわせてなぞり書きしましょう。

être（エートル）「～である」		
	単数形	複数形
三人称	C'est（セ） これは～です	Ce sont（ス ソン） これらは～です

書いてみよう

つぎの例文を書いて覚えましょう。

❶ C'est un vin sec.（セ タン ヴァン セック）

これは辛口のワインです。

C'est un vin sec.

語彙　名 un vin sec（アン ヴァン セック）「辛口のワイン」

❷ Ce sont mes parents.（ス ソン メ パラン）

こちらはわたしの両親です。

Ce sont mes parents.

語彙　名 男 複 des parents（デ パラン）「両親」

❸ Qu'est-ce que c'est ?（ケ ス ク セ）

これは何ですか？

Qu'est-ce que c'est ?

«C'est ～ .»（セ）, «Ce sont ～ .»（ス ソン）は
ものだけでなく、人を紹介する
ときにも使えます。

88

解いてみよう

つぎの下線部に être を適切な形に活用させて入れましょう。

❶ C' _____ un gâteau au chocolat ?
タン　ガトー　オ　ショコラ

これはチョコレートのケーキですか？

語彙 图男 un gâteau au chocolat「チョコレートのケーキ」

❷ C' _____ un acteur japonais.
タン　ナクトゥール　ジャポネ

こちらは日本の俳優です。

語彙 图 acteur / actrice「俳優／女優」

❸ Ce _____ mes frères.
ス　　　　メ　フレール

こちらはわたしの兄弟（たち）です。

❹ Ce ne _____ pas mes valises.
ス　ヌ　　　　パ　メ　ヴァリーズ

これらはわたしのスーツケースではありません。

聞き取ろう　DL 3_04

音声を聞いて例文を書き取りましょう。

❶ _____

これはイチゴのタルトです。　語彙 图囡 une tarte aux fraises「イチゴのタルト」

❷ _____

こちらはわたしの子どもたちです。　ヒント mes enfants「わたしの子どもたち」（男女同形）

解答

❶ est **❷** est **❸** sont **❹** sont　**❶** C'est une tarte aux fraises. **❷** Ce sont mes enfants.

近いものと遠いものを示す言い方です。

ヴォワスィ　　アン　　　ビイエ　　　エ　　　ヴォワラ　　ル　　　プラン　　ドゥ　　パリ
Voici un billet et voilà le plan de Paris.

提示詞　　　　　　名詞　　　　接続詞　提示詞　　　　　　　　名詞

こちらが　乗車券　で、そちらが　パリの地図　です。

Point 1　提示詞voici と voilà
ヴォワスィ　ヴォワラ

ヴォワスィ　ヴォワラ
voici と voilà は主語と動詞の機能を兼ね備えた副詞で、提示の表現をつくる
ので、提示詞と呼ばれることもあります。時間的・空間的に近いものを示す
ときは voici を、遠くのものを示すときは voilà を使います。その2つのもの
を対比的に扱うときには、2つの文章を et でつなぐこともよくあります。

時間的・空間的に近いもの	時間的・空間的に遠いもの
ヴォワスィ **Voici 〜 .** こちらに〜があります。	ヴォワラ **Voilà 〜 .** そちらに〜があります。

ヴォワスィ　　エ　　ヴォワラ
Voici 〜 et voilà 〜 .

こちらに〜が、そちらに〜があります。

Point 2　間投詞的に用いられるvoilà
ヴォワラ

遠近を区別する必要がないときは、《 Voilà 〜 . 》がよく使われます。
また、ちょっとした言葉を差しはさむ間投詞的にも用いられ、その際には単
独で《 Voilà ! 》「はい、どうぞ！」のように用いられます。

例文

ヴォワラ　　モン　　パスポール
Voilà mon passeport.

こちらがわたしのパスポートです。
《提示の表現》

ヴォワラ　　　　ムスィユー
Voilà, monsieur.

（買い物で商品やお釣りを渡して）はい、どうぞ。
《間投詞的な表現》

使ってみよう

実際の会話ではつぎのように使われます。

ル　ギッド
Le guide　　メダム　ゼ　メスィユー
Mesdames et messieurs,

ガイド　　　　みなさま、

ヴォワスィ　アン　ビイエ　エ　ヴォワラ　ル　プラン　ドゥ　パリ
voici un billet et voilà le plan de Paris.

こちらが乗車券で、そちらがパリの地図です。

☞ **Point**

« Voici 〜 et
ヴォワラ
voilà 〜 . » で並列
や、遠近を示すこ
とができます。

サチ　　　　　メルスィ
Sachi　　　**Merci.**

ありがとう。

ル　ギッド
le guide　ルガルデ　　　ヴォワスィ　ラ　セーヌ　エ　ヴォワラ　ラ　トゥー　レフェル
Regardez. Voici la Seine et voilà la tour Eiffel.

ご覧ください、こちらがセーヌ川で、そちらがエッフェル塔です。

サチ　　　　　セ　マニフィック
Sachi　　　**C'est magnifique !**

これは、すばらしい（景色）ですね！

> **語彙・表現**
>
> ● le guide
> ル　ギッド
> 名 男 ガイド、案内人、ガイドブック
> ● la Seine
> ラ　セーヌ
> 名 女 セーヌ川
> ● la tour Eiffel
> ラ　トゥー　レフェル
> 名 女 エッフェル塔
> ● magnifique
> マニフィック
> 形 すばらしい

プラス α

いろいろな間投詞

« Voilà ! » は、会話のなかでちょっとした言葉をはさむ
ヴォワラ
のに間投詞としても用いられます。日常よく使うほか
の間投詞もあわせて覚えておきましょう。

ヴォワラ　　　　　　　　ティヤン　　　　　　　　ボン　　　　　　　　エ　ビヤン
Voilà !　　　　**Tiens !**　　　　**Bon !**　　　　**Eh bien…**

ほらね。　　　　　おや、まあ。　　　　よし。それでは。　　　さぁ。その…。
以上です。　　　　ほら。さあ。

書いてみよう

つぎの例文を書いて覚えましょう。

❶ Voici du thé et voilà du café.
ヴォワスィ デュ テ エ ヴォワラ デュ カフェ

こちらが紅茶で、そちらがコーヒーです。

Voici du thé et voilà du café.

例文を覚えながら、
語彙も増やして
いきましょう。

❷ Voici mon fils et voilà ma fille.
ヴォワスィ モン フィス エ ヴォワラ マ フィーユ

こちらがわたしの息子で、そちらがわたしの娘です。

Voici mon fils et voilà ma fille.

語彙 名男 un fils「息子」 名女 une fille「娘」

❸ Voilà mon permis de conduire.
ヴォワラ モン ベルミ ドゥ コンデュイール

こちらがわたしの免許証です。

Voilà mon permis de conduire.

語彙 名男 un permis de conduire「運転免許証」

❹ Voilà, c'est fini.
ヴォワラ セ フィニ

以上、これで終わりです。

Voilà, c'est fini.

表現 C'est fini.「これで終わりです」

92

解いてみよう

日本語の意味にあうように、下線部に voici か voilà を入れましょう。

❶ _____ ma carte d'identité.
（マ　カルト　ディダンティテ）

こちらがわたしの身分証明書です。

> **語彙** 名女 une carte d'identité「身分証明書」

❷ _____ le tableau de Monet et _____
（ル　タブロー　ドゥ　モネ　エ）

celui de Manet.
（スリュイ　ドゥ　マネ）

こちらがモネの絵画で、そちらがマネの（絵画）です。

> **語彙** 名男 un tableau「絵画」
> **ヒント** celui は前に出て来た男性単数名詞を受ける指示代名詞で、ここでは le tableau「絵画」を指しています。

❸ _____ , c'est tout.
（セ　トゥ）

以上、これで全部です。

> **語彙** 形 tout (e)「全部」

> ❶は提示の表現、
> ❷は遠近を対比的に示す表現、
> ❸は間投詞的な表現ですね！

聞き取ろう

DL 3_06

音声を聞いて例文を書き取りましょう。

❶ _____

こちらがわたしのパスポートです。

> **ヒント** mon passeport「わたしのパスポート」

❷ _____

こちらがわたしの父で、そちらがわたしの母です。

> **ヒント** mon père「わたしの父」　ma mère「わたしの母」

> 2つのものを対比的に
> 示すときは、2つの文
> を et でつなぎます。

解答

 ❶ Voilà（Voici も正解）❷ Voici, voilà ❸ Voilà

🎧 ❶ Voilà mon passeport. ❷ Voici mon père et voilà ma mère.

～があります、います 非人称構文 Il y a 〜

DL 3_07

ものを示す表現です。場所も示すことができます。

Il y a beaucoup de gens.

イ リ ヤ ボクー ドゥ ジャン

主語　動詞 avoir（アヴォワール）　　　　目的語

たくさんの人が　います。

Point 1 非人称構文の主語 il（イル）

この表現は、「そこに～がある（いる）」という意味で、主語がありません。そのため主語に非人称の il（イル）が置かれますが、三人称単数の「彼は」や「それは」の意味はありません。《 Il y a 〜 .》（イリヤ）の形で構文として覚えましょう。

Point 2 動詞 avoir（アヴォワール）

この表現では、動詞は avoir（アヴォワール）が使われます。主語が il（イル）なので、動詞の活用は三人称単数形の a となります（→ p.45, p.98）。《 Il y a 〜 》（イリヤ）の〜の部分には名詞が入りますが、単数形も複数形も入れられます。

avoir「～を持っている」（アヴォワール）		
三人称単数	**Il y a 〜**（イリヤ） （名詞単数形） ～があります ～がいます	**Il y a 〜**（イリヤ） （名詞複数形） ～があります ～がいます

《 Il y a 〜 》（イリヤ）のあとに、前置詞 à（ア）「～に」や前置詞 dans（ダン）「～のなかに」を続けて、具体的な場所を示すこともできます。

例文

Il y a beaucoup de gens à la gare.
イ リ ヤ ボクー ドゥ ジャン ア ラ ガール

駅のなかにたくさんの人がいます。

例文

Il y a une grève à Paris.
イ リ ヤ ユヌ グレーヴ ア パリ

パリでストライキがあります。

使ってみよう

実際の会話ではつぎのように使われます。

エリ
Eri

イリャ　ボクー　ドゥ　ジャン　ダン　ラ　リュ
Il y a beaucoup de gens dans la rue !

通りにたくさんの人がいるわ！

ラジャン
L'agent

メスュー　　　　　ダム　　　　フェット　　ザタンスィヨン
Messieurs dames, faites attention !

警官

みなさま、お気をつけください！

☞ **Point**

«Il y a〜.» で
「〜があります、いま
す」と表すことが
できます。

エリ
Eri

ケ　ス　キ　リャ
Qu'est-ce qu'il y a ?

何があるのですか？（何が起こっているのですか？）

ラジャン
L'agent

イリャ　ユヌ　　グレーブ　デ　　トランスポール
Il y a une grève des transports.

交通機関のストライキがあるのです。

☞ **Point**

「何があるか（いる
か）」を尋ねること
ができます
（→ プラスα ）。

Chapitre 3　フランス語の重要フレーズ

📋 語彙・表現

● ラジャン　ドゥ　ポリス
l'agent (de police)
名 男 警官

● ボクー　ドゥ　ジャン
beaucoup de gens
たくさんの人

● フェット　ザタンスィヨン
Faites attention !
気をつけなさい！

● ユヌ　グレーヴ　デ　トランスポール
une grève des transports
名 女 交通機関のストライキ

ケ　ス　キ　リャ
Qu'est-ce qu'il y a ?

イリャ の前に疑問代名詞の que（qu'）「何」を置き、est-ce
que の疑問文をつくります。何があるのか、何が起こって
いるのかを知りたいときには、こう尋ねてみましょう。

例文　ケ　ス　キ　リャ
Qu'est-ce qu'il y a ?

何がありますか？

何が起こっているのですか？

書いてみよう

つぎの例文を書いて覚えましょう。

❶ Il y a un chien devant la porte.
<small>イ リ ヤ アン シャン ドゥヴァン ラ ポルト</small>

門の前に犬がいます。

Il y a un chien devant la porte.

例文を覚えながら、
語彙も増やして
いきましょう。

> **語彙** 名 un chien / une chienne「犬」 前 devant「〜の前に」 名 女 une porte「門」

❷ Il y a une poste près d'ici.
<small>イ リ ヤ ユヌ ポスト プレ ディスィ</small>

この近くに郵便局があります。

Il y a une poste près d'ici.

> **語彙** 名 女 une poste「郵便局」 前 près de 〜「〜の近くに」 副 ici「ここ」

❸ Il y a un supermarché près de l'hôtel ?
<small>イ リ ヤ アン スュペールマルシェ プレ ドゥ ロテル</small>

ホテルの近くにスーパーマーケットはありますか？

Il y a un supermarché près de l'hôtel ?

> **語彙** 名 男 un supermarché「スーパーマーケット」 名 男 un hôtel「ホテル」

❹ Qu'est-ce qu'il y a ?
<small>ケ ス キ リ ヤ</small>

何がありますか？（何が起こっているのですか？）

Qu'est-ce qu'il y a ?

解いてみよう

つぎの例文を疑問文と否定文にしましょう。

例文 イ リ ヤ アン シャ スー ラ ターブル
Il y a un chat sous la table.

テーブルの下に猫がいます。

語彙 名 un chat/une chatte「猫」 前 sous「〜の下に」 名女 une table「テーブル」

❶ Est-ce que を使って疑問文に
    エ ス ク

ヒント 疑問文のつくりかたは p.56 を参照しましょう。que と il の間のエリジョンに注意（→ p.27）！

❷ ne 〜 pas を使って否定文に
    ヌ   パ

ヒント 《Il y a 〜.》の否定文は《Il n'y a pas 〜.》の形になります。このまま覚えてしまいましょう。否定文は動詞（ここでは avoir）を ne と pas ではさみます（→ p.60）。また、ne と y の間のエリジョンにも注意が必要です（→ p.27）。否定の de にも注意しましょう（→ p. 60）。

🎧 聞き取ろう **DL 3_08**

音声を聞いて例文を書き取りましょう。

p.94 の例文を
思い出しましょう。

❶ _____

たくさんの人がいます。

❷ _____

パリでストライキがあります。

語彙 名女 une grève「ストライキ」

解答

📚 **❶** Est-ce qu'il y a un chat sous la table ? **❹** Il n'y a pas de chat sous la table.
🎧 **❶** Il y a beaucoup de gens. **❷** Il y a une grève à Paris.

～を持っています　動詞 avoir

DL
3_09

持ち物や状態を伝えられるフレーズを覚えましょう。

ヴ　　　ザヴェ　　　ラ　　カルト
Vous avez la carte ?

主語　　　　　動詞 avoir　　　　　目的語

メニューは　　ありますか？

Point 1　動詞 avoir の意味と活用

フランス語の avoir は英語の have「～を持っています」にあたります。よく使う動詞なので、活用をしっかり覚えましょう。

活用

	avoir「～を持っている」			
一人称	J'ai （ジェ）	わたしは～を持っています	Nous avons （ヌ ザヴォン）	わたしたちは～を持っています
二人称	Tu as （テュ ア）	きみは～を持っています	Vous avez （ヴ ザヴェ）	あなた（たち）は～を持っています
三人称（男性）	Il a （イ ラ）	彼は～を持っています	Ils ont （イル ゾン）	彼らは～を持っています
三人称（女性）	Elle a （エ ラ）	彼女は～を持っています	Elles ont （エル ゾン）	彼女たちは～を持っています

Point 2　avoir の使い方

avoir には「～を持っています、～があります」という所有の意味がありますが、状態や年齢を表す際にも使います。文脈に応じて訳し分けましょう。

例文

エ　ラ　ドゥ　ボ　　　シュヴー
Elle a de beaux cheveux.

ジェ　トラン　タン
J'ai 30 ans.

彼女は美しい髪をしています。　　　　　　わたしは 30 歳です。

使ってみよう

実際の会話ではつぎのように使われます。

モモコ
Momoko　**Excusez-moi, monsieur !**
エクスキュゼ　モワ　ムスィユー

すみません。

Vous avez la carte ?
ヴ　ザヴェ　ラ　カルト

メニューはありますか？

《Vous avez～?》で
「～はありますか？」
と尋ねることが
できます。 ☞ **Point**

ル　セルヴール
Le serveur　**Voilà, madame.**
ヴォワラ　マダム

給仕　はい、お客様、どうぞ。

モモコ
Momoko　**Alors, quel est le plat du jour ?**
アロール　ケ　レ　ル　プラ　デュ　ジュール

ええと、今日のおすすめ料理は何ですか？

ル　セルヴール
Le serveur　**Nous avons du rôti d'agneau.**
ヌ　ザヴォン　デュ　ロティ　ダニョ

子羊のローストでございます。

 語彙・表現

- **la carte**
ラ　カルト
[名][女] メニュー
- **le serveur / la serveuse**
ル　セルヴール　ラ　セルヴーズ
[名] 給仕
- **le plat du jour**
ル　プラ　デュ　ジュール
[名][男] 本日のおすすめ料理
- **du rôti d'agneau**
デュ　ロティ　ダニョ
[名][男] 子羊のロースト

Chapitre 3　フランス語の重要フレーズ

プラスα

avoir を
使った慣用句
アヴォワール

avoir は日常よく使う慣用句にも多く用いられます。なお、
アヴォワール
慣用句で用いるときは名詞に冠詞がつかないので気をつけ
ましょう。

avoir faim
アヴォワール　ファン

例文 **J'ai faim.** わたしは空腹です。
ジェ　ファン

avoir soif
アヴォワール　ソワフ

例文 **J'ai soif.** わたしは喉が渇いています。
ジェ　ソワフ

99

活用を覚えよう

動詞 avoir（アヴォワール）を主語にあわせてなぞり書きしましょう。

avoir「〜を持っている」（アヴォワール）		
一人称	**J'ai**（ジェ） わたしは〜を持っています	**Nous avons**（ヌ ザヴォン） わたしたちは〜を持っています
二人称	**Tu as**（テュ ア） きみは〜を持っています	**Vous avez**（ヴ ザヴェ） あなた（たち）は〜を持っています
三人称 （男性）	**Il a**（イ ラ） 彼は〜を持っています	**Ils ont**（イル ゾン） 彼らは〜を持っています
三人称 （女性）	**Elle a**（エ ラ） 彼女は〜を持っています	**Elles ont**（エル ゾン） 彼女たちは〜を持っています

書いてみよう

つぎの例文を書いて覚えましょう。

❶ Vous avez la carte japonaise ?（ヴ ザヴェ ラ カルト ジャポネーズ）

日本語のメニューはありますか？

Vous avez la carte japonaise ?

❷ Nous avons le menu du jour.（ヌ ザヴォン ル ムニュ デュ ジュール）

きょうの定食があります。

Nous avons le menu du jour.

語彙　名 男 un menu（アン ムニュ）「定食、コース料理」　表現　名 男 le menu du jour（ル ムニュ デュ ジュール）「本日の定食、本日のコース料理」

解いてみよう

つぎの下線部に avoir（アヴォワール）を適切な形に活用させて入れましょう。

❶ Vous _____ **la carte ?**
（ヴ）　　　　　　　　　　（ラ　カルト）

メニューはありますか？

❷ Il _____ **deux ordinateurs.**
（イ）　　　　　　　　（ドゥ　ゾルディナトゥール）

彼はパソコンを2台持っています。

語彙 名 男 un ordinateur（アン ノルディナトゥール）「パソコン」

❸ Ils _____ **un chien.**
（イル）　　　　　　　　（アン　シャン）

彼らは犬を飼っています。

> il, elle, nous, vous, ils, elles
> （イル エル ヌ ヴ イル エル）
> のあとは、リエゾンと
> アンシェヌマンに
> 注意しましょう（→ p.26）。

❹ Je n' _____ **pas faim.**
（ジュ）　　　　　　　　　　（パ　ファン）

わたしはお腹がすいていません。

聞き取ろう （DL 3_10）

音声を聞いて例文を書き取りましょう。

❶ _____

わたしは空腹です。　表現 avoir faim（アヴォワール ファン）「空腹だ」

> avoir（アヴォワール）を使った
> 慣用句ですね。

❷ _____

わたしは喉が渇いています。　表現 avoir soif（アヴォワール ソワフ）「喉が渇いている」

解答

📚 **❶** avez（ザヴェ） **❷** a（ア） **❸** ont（ラ ゾン ネ → ont） **❹** ai（ai）　🎧 **❶** J'ai faim.（ジェ ファン） **❷** J'ai soif.（ジェ ソワフ）

Chapitre 3　フランス語の重要フレーズ

～が好きです　動詞 aimer

好きなものやことを言えるようになりましょう。

J'aime le sport.

ジェム　　ル　　スポール

主語　動詞 aimer　　　　　目的語

わたしは　スポーツが　好きです。

Point 1　動詞aimer の意味と活用

フランス語の aimer は英語の like「好きです」と love「愛しています」の両方の意味をもっています。第1群規則動詞です（→ p.44）。活用を復習しましょう。

活用

aimer「～が好きだ」			
一人称	**J'aime** ジェム わたしは～が好きです	**Nous aimons** ヌ ゼモン わたしたちは～が好きです	
二人称	**Tu aimes** テュ エム きみは～が好きです	**Vous aimez** ヴ ゼメ あなた（たち）は～が好きです	
三人称（男性）	**Il aime** イ レム 彼は～が好きです	**Ils aiment** イル ゼム 彼らは～が好きです	
三人称（女性）	**Elle aime** エ レム 彼女は～が好きです	**Elles aiment** エル ゼム 彼女たちは～が好きです	

Point 2　aimer の使い方

aimer を使って、目的語にものやことを入れれば「～が好きです」と言えます。また、目的語に人を入れれば「誰それが好きです」となります。

例文

J'aime la musique.
ジェム　ラ　ミュズィック

わたしは音楽が好きです。

J'aime François.
ジェム　フランソワ

わたしはフランソワが好きです。

使ってみよう

実際の会話ではつぎのように使われます。

☞ Point

«J'aime 〜 .» で
趣味や好みを
言えます。

ロベール
Robert　**Miyo, quel est ton passe-temps ?**
（ミヨ　ケ　レ　トン　パス　タン）

ミヨ、きみの趣味はなに？

ミヨ
Miyo　**J'aime le sport. Et toi ?**
（ジェム　ル　スポール　エ　トワ）

わたしはスポーツが好きよ。あなたは？

☞ Point

«aimer ＋動詞の
原形» の使い方は
プラスα で
チェック！

ロベール
Robert　**Moi aussi, j'aime faire du tennis.**
（モワ　オスィ　ジェム　フェール　デュ　テニス）

ぼくもだよ。テニスをするのが好きさ。

ミヨ
Miyo　**Moi, J'aime regarder les matchs de tennis.**
（モワ　ジェム　ルガルデ　レ　マッチ　ドゥ　テニス）

わたしはテニスの試合を見るのが好きよ。

🗣 語彙・表現

● un passe-temps
（アン　パス　タン）
〔名〕〔男〕趣味

● Moi aussi.
（モワ　オスィ）
わたしもです。

● faire du tennis
（フェール　デュ　テニス）
テニスをする

● un match
（アン　マッチ）
〔名〕〔男〕試合

Chapitre 3　フランス語の重要フレーズ

プラスα

aimer ＋動詞の原形
（エ　メ）

aimer の後ろに動詞の原形を入れると、「〜することが好きです」や「〜したいです」という意味になります。どちらの意味になるかは、話の内容で聞き分けましょう。

（例文）
J'aime aller au cinéma.
（ジェム　アレ　オ　スィネマ）

aimer ＋動詞の原形
（エ　メ）

わたしは映画に行くのが好きです。

（わたしは映画に行きたいです。《J'aimerais＋動詞の原形》）
（ジェムレ）

活用を覚えよう

動詞 aimer を主語にあわせてなぞり書きしましょう。

aimer「～が好きだ」		
一人称	**J'aime** わたしは～が好きです	**Nous aimons** わたしたちは～が好きです
二人称	**Tu aimes** きみは～が好きです	**Vous aimez** あなた（たち）は～が好きです
三人称 （男性）	**Il aime** 彼は～が好きです	**Ils aiment** 彼らは～が好きです
三人称 （女性）	**Elle aime** 彼女は～が好きです	**Elles aiment** 彼女たちは～が好きです

書いてみよう

つぎの例文を書いて覚えましょう。

❶ J'aime le café.

わたしはコーヒーが好きです。

J'aime le café.

「～が好き」というときは、名詞に定冠詞がつきます（総称的用法→ p .37）。

❷ Elle aime la musique.

彼女は音楽が好きです。

Elle aime la musique.

語彙　名 女 la musique「音楽」

解いてみよう

つぎの下線部に aimer（エメ）を適切な形に活用させて入れましょう。

❶ Vous _____ **le café ?**
（ヴ）　　　　　　　　（ル カフェ）

あなたはコーヒーが好きですか？

第1群規則動詞の活用は
基本中の基本ですね
（→ p.44）。

❷ Il _____ **les films français.**
（イ）　　　　　（レ フィルム フランセ）

彼はフランス映画が好きです。

語彙 名 男 le film（ル フィルム）「映画」

❸ Ils _____ **faire du sport.**
（イル）　　　　（フェール デュ スポール）

彼らはスポーツをするのが好きです。

表現 faire du sport（フェール デュ スポール）「スポーツをする」

❹ Je n' _____ **pas chanter.**
（ジュ）　　　　　　　（パ シャンテ）

わたしは歌うのが好きではありません。

語彙 動 chanter（シャンテ）「歌う」（第1群規則動詞）

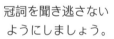

冠詞を聞き逃さない
ようにしましょう。

聞き取ろう

DL
3_12

音声を聞いて例文を書き取りましょう。

❶ _____

わたしはワインが好きです。　語彙 名 男 le vin（ル ヴァン）「ワイン」

❷ _____

わたしはテニスをするのが好きです。　表現 faire du tennis（フェール デュ テニス）「テニスをする」

解答

 ❶ aimez（ゼメ） ❷ aime（レム） ❸ aiment（ゼム） ❹ aime（ネム）　 ❶ J'aime le vin.（ジェム ル ヴァン） ❷ J'aime faire du tennis.（ジェム フェール デュ テニス）

Chapitre 3　フランス語の重要フレーズ

DL
3_13

行きます　動詞 aller（アレ）

「行きます」と言ってみましょう。近い未来のことも話せます。

ジュ　ヴェ　オ　カフェ
Je vais au café.

主語　　動詞 aller（アレ）　　場所を表す状況補語

わたしは　　カフェに　　行きます。

Point 1　動詞aller（アレ）の意味と活用

フランス語の aller（アレ）は英語の go「行きます」の意味です。不規則動詞で、日常的によく使う動詞なので、活用をしっかり覚えましょう。

活用

aller（アレ）「行く」			
一人称	**Je vais**（ジュ ヴェ） わたしは行きます	**Nous allons**（ヌ ザロン） わたしたちは行きます
二人称	**Tu vas**（テュ ヴァ） きみは行きます	**Vous allez**（ヴ ザレ） あなた（たち）は行きます
三人称（男性）	**Il va**（イル ヴァ） 彼は行きます	**Ils vont**（イル ヴォン） 彼らは行きます
三人称（女性）	**Elle va**（エル ヴァ） 彼女は行きます	**Elles vont**（エル ヴォン） 彼女たちは行きます

Point 2　aller（アレ）の使い方

aller（アレ）は、移動を表して「行く」というときに使います。また、健康状態や物事の進み具合を表して「元気にしている」「うまくいく」ということもできます。

例文

ジュ　ヴェ　ア　パリ
Je vais à Paris.

わたしはパリに行きます。

ヴ　ザレ　ビヤン
Vous allez bien ?

（あなたは）お元気ですか？

使ってみよう

実際の会話ではつぎのように使われます。

Paul（ポール）

ミカ　テュ　ヴァ　ビヤン
Mika, tu vas bien ?

ミカ、元気？

Mika（ミカ）

ジュ　ヴェ　ビヤン　エ　トワ　ポール
Je vais bien. Et toi, Paul ?

わたしは元気よ。ポール、あなたは？

Paul（ポール）

モワ　オスィ　サ　ヴァ　トレ　ビヤン
Moi aussi, ça va très bien.

ぼくもとても元気だよ。

テュ　ヴァ　ウ　マントナン
Tu vas où maintenant ?

きみ、いまどこに行くの？

Mika（ミカ）

ジュ　ヴェ　オ　カフェ
Je vais au café.

わたしはカフェに行くのよ。

☞ **Point**

「元気」や「うまくいく」の意味の aller（アレ）です。

☞ **Point**

「行く」の意味の aller（アレ）です。

▶ 語彙・表現

- Ça va ?（サ ヴァ）/ Ça va.（サ ヴァ）
  元気？　　元気だよ。
- où（ウ）
  [疑] どこに
- maintenant（マントナン）
  [副] いま
- un café（アン カフェ）
  [名][男] カフェ

プラス α

近接未来

aller（アレ）の後ろに動詞の原形を入れると、「～するつもりです」や「～するところです」と近い未来のことを言うことができます。これを文法の用語で近接未来と言います。

aller（アレ）＋動詞の原形

例文 ジュ　ヴェ　アレ　オ　スィネマ
Je vais aller au cinéma.

わたしは映画に行くつもりです。

活用を覚えよう

動詞 aller(ア レ) を主語にあわせてなぞり書きしましょう。

	aller「行く」	
一人称	**Je** vais（ジュ ヴェ） わたしは行きます	**Nous** allons（ヌ ザロン） わたしたちは行きます
二人称	**Tu** vas（テュ ヴァ） きみは行きます	**Vous** allez（ヴ ザレ） あなた（たち）は行きます
三人称 （男性）	**Il** va（イル ヴァ） 彼は行きます	**Ils** vont（イル ヴォン） 彼らは行きます
三人称 （女性）	**Elle** va（エル ヴァ） 彼女は行きます	**Elles** vont（エル ヴォン） 彼女たちは行きます

書いてみよう

次の例文を書いて覚えましょう。

❶ Je vais à la bibliothèque.（ジュ ヴェ ア ラ ビブリヨテック）

わたしは図書館に行きます。

Je vais à la bibliothèque.

> ❶は「行く」❷は「元気」の
> 意味の aller(ア レ) ですね。

語彙 图安 une bibliothèque「図書館」（ユヌ ビブリヨテック）

❷ Elle va bien.（エル ヴァ ビヤン）

彼女は元気です。

Elle va bien.

解いてみよう

つぎの下線部に aller（アレ）を適切な形に活用させて入れましょう。

❶ Vous（ヴ） _____ bien（ビヤン）?

（あなたは）お元気ですか？

❷ Il（イル） _____ au cinéma（オ スィネマ）.

彼は映画に行きます。

> **語彙** 名 男 le cinéma（ル スィネマ）「映画」
> **ヒント** aller au cinéma（アレ オ スィネマ）は aller à le cinéma（アレ アル スィネマ）の前置詞と定冠詞の縮約形です（→ p.49）。

❸ Ils（イル） _____ faire du sport（フェール デュ スポール）.

彼らはスポーツをしに行きます（彼らはスポーツをするつもりです）。

❹ Je ne（ジュ ヌ） _____ pas à Paris cette année（パ ア パリ セ タネ）.

わたしは今年はパリに行きません。

> **表現** cette année（セ タネ）「今年」

聞き取ろう DL 3_14

音声を聞いて例文を書き取りましょう。

> ❷は近接未来の用法ですね。

❶ _____

わたしは元気です。

> **ヒント** この場合の aller（アレ）は「体の具合がよい（元気にしている）」という意味です。

❷ _____

わたしは映画に行くつもりです。

> **表現** aller au cinéma（アレ オ スィネマ）「映画に行く」
> **ヒント** aller（アレ）＋動詞の原形「〜するつもりです」（近接未来）

解答

 ❶ allez（ザレ） ❷ va（ヴァ） ❸ vont（ヴォン） ❹ vais（ヴェ）  ❶ Je vais bien（ジュ ヴェ ビヤン）. ❷ Je vais aller au cinéma（ジュ ヴェ アレ オ スィネマ）.

来ます 動詞 venir（ヴニール）

「来ます」と言ってみましょう。近い過去のことも話せます。

Tu viens avec moi ?

テュ　ヴィヤン　アヴェク　モワ

主語	動詞 venir（ヴニール）	状況補語

（きみは）　わたしと一緒に　来ない？

Point 1　動詞venir（ヴニール）の意味と活用

フランス語の venir（ヴニール）は英語の come「来ます」の意味です。不規則動詞で、日常的によく使う動詞なので、活用をしっかり覚えましょう。

活用

venir（ヴニール）「来る」			
一人称	**Je viens**（ジュ ヴィヤン） わたしは来ます	**Nous venons**（ヌ ヴノン） わたしたちは来ます
二人称	**Tu viens**（テュ ヴィヤン） きみは来ます	**Vous venez**（ヴ ヴネ） あなた（たち）は来ます
三人称（男性）	**Il vient**（イル ヴィヤン） 彼は来ます	**Ils viennent**（イル ヴィエンヌ） 彼らは来ます
三人称（女性）	**Elle vient**（エル ヴィヤン） 彼女は来ます	**Elles viennent**（エル ヴィエンヌ） 彼女たちは来ます

Point 2　venir（ヴニール）の使い方

venir（ヴニール）は、移動を表して「来る」というときに使います。これから移動する場合、会話の相手にあわせて aller（アレ）「行く」ではなく venir（ヴニール）「来る」を使います。

例文

Je viens de Tokyo.
ジュ ヴィヤン ドゥ トキョ

わたしは東京から来ました（＝来ます）。

Je viens tout de suite.
ジュ ヴィヤン トゥ ドゥ スュイット

わたしはすぐに（そちらに）行きます（＝来ます）。

使ってみよう

実際の会話ではつぎのように使われます。

ジャン
Jean
Tu vas où maintenant Yuï ?
テュ ヴァ ウ マントナン ユイ

きみは、いまどこに行くの、ユイ？

ユイ
Yuï
Je vais au café.
ジュ ヴェ オ カフェ

わたしはカフェに行くの。

Tu viens avec moi ?
テュ ヴィヤン アヴェク モワ

わたしと一緒に来る？

☞ Point

「来る」の意味の
venir です。
ヴニール

ジャン
Jean
Non, merci. C'est dommage, mals
ノン メルスィ セ ドマージュ メ

いや、ありがとう。残念だけど、

je viens de prendre un café.
ジュ ヴィヤン ドゥ プラーンドル アン カフェ

ぼくは、コーヒーを飲んだばかりなんだ。

☞ Point

«venir de ＋動詞の
ヴニール ドゥ
原形» の使い方は
プラスα で確認！

語彙・表現

● avec
アヴェク
前 ～と一緒に

● Non, merci.
ノン メルスィ
結構です、ありがとう

● un dommage
アン ドマージュ
名 男 損害、残念なこと

● prendre
プラーンドル
動 ～を取る、飲む、食べる、買う

Chapitre 3　フランス語の重要フレーズ

プラスα

近接過去

venir de の後ろに動詞の原形を入れると、「～したとこ
ヴニール ドゥ
ろです」や「～したばかりです」と近い過去のことを言
うことができます。これを文法の用語で近接過去と言い
ます。

venir de ＋動詞の原形
ヴニール ドゥ

例文 **Je viens de prendre un café.**
ジュ ヴィヤン ドゥ プラーンドル アン カフェ
わたしはコーヒーを飲んだばかりです。

活用を覚えよう

動詞 venir（ヴニール）を主語にあわせてなぞり書きしましょう。

	venir（ヴニール）「来る」	
一人称	**Je** viens（ジュ ヴィヤン） わたしは来ます	**Nous** venons（ヌ ヴノン） わたしたちは来ます
二人称	**Tu** viens（テュ ヴィヤン） きみは来ます	**Vous** venez（ヴ ヴネ） あなた（たち）は来ます
三人称 （男性）	**Il** vient（イル ヴィヤン） 彼は来ます	**Ils** viennent（イル ヴィエンヌ） 彼らは来ます
三人称 （女性）	**Elle** vient（エル ヴィヤン） 彼女は来ます	**Elles** viennent（エル ヴィエンヌ） 彼女たちは来ます

書いてみよう

つぎの例文を書いて覚えましょう。

❶ Je viens à Paris en été.（ジュ ヴィヤン ア パリ アン ネテ）

わたしは夏にパリに来ます。

Je viens à Paris en été.

表現 en été（アン ネテ）「夏に」

❷ Elle vient chez moi.（エル ヴィヤン シェ モワ）

彼女はわたしの家に来ます。

Elle vient chez moi.

表現 chez moi（シェ モワ）「わたしの家に」

解いてみよう

つぎの下線部に venir（ヴニール）を適切な形に活用させて入れましょう。

❶ **Vous**（ヴ） **＿＿＿＿＿ souvent en France ?**（スヴァン　アン　フラーンス）

あなたはよくフランスに来るのですか？

語彙 副 souvent（スヴァン）「しばしば」

❷ **Je ne**（ジュ　ヌ） **＿＿＿＿＿ pas à Paris cet été.**（パ　ア　パリ　セ　テテ）

わたしは今年の夏はパリに来ません。

表現 cet été（セ　テテ）「今年の夏」

❸ **Je**（ジュ） **＿＿＿＿＿ d'arriver à Paris hier soir.**（ダリヴェ　ア　パリ　イエール　ソワール）

わたしは昨晩、パリに着いたばかりです。

ヒント venir de（ヴニール　ドゥ） ＋動詞の原形　「〜したばかりです」（近接過去）
表現 hier soir（イエール　ソワール）「昨晩」

❹ **Ils**（イル） **＿＿＿＿＿ faire du sport au parc.**（フェール　デュ　スポール　オ　パルク）

彼らは公園にスポーツをしに来ます。

ヒント venir（ヴニール） ＋動詞の原形「〜しに来る」
語彙 名 男 un parc（アン　パルク）「公園」

聞き取ろう 〔DL 3_16〕

音声を聞いて例文を書き取りましょう。

❷は近接過去の
用法ですね。

❶ ＿＿＿＿＿＿＿＿＿＿＿＿＿＿＿＿＿＿＿＿＿

わたしは夏にフランスに来ます。

表現 en été（アン　ネテ）「夏に」

❷ ＿＿＿＿＿＿＿＿＿＿＿＿＿＿＿＿＿＿＿＿＿.

わたしはコーヒーを飲んだばかりです。

表現 prendre un café（プラーンドル　アン　カフェ）「コーヒーを飲む」
ヒント venir de（ヴニール　ドゥ）＋動詞の原形「〜したばかりです」（近接過去）

解答

❶ venez（ヴネ） ❷ viens（ヴィヤン） ❸ viens（ヴィヤン） ❹ viennent（ヴィエンヌ）

❶ Je viens en France en été.（ジュ　ヴィヤン　アン　フラーンス　アン　ネテ） ❷ Je viens de prendre un café.（ジュ　ヴィヤン　ドゥ　プラーンドル　アン　カフェ）

〜します 〜をつくります　動詞 faire _{フェール}

DL
3_17

いましていること、職業としてしていることを言えるようになりましょう。

ジュ　フェ　ラ　キュイズィーヌ
Je fais la cuisine.

主語　　動詞 faire_{フェール}　　　目的語

わたしは　料理を　します。

Point 1　動詞 faire^{フェール} の意味と活用

フランス語の faire^{フェール} は英語の do「〜をする」や make「〜をつくる」の両方の意味をもっています。不規則動詞なので、活用をしっかり覚えましょう。

活用

faire「〜をする、〜をつくる」			
一人称	_{ジュ フェ} **Je fais** わたしは〜します	_{ヌ フゾン} **Nous faisons** わたしたちは〜します
二人称	_{テュ フェ} **Tu fais** きみは〜します	_{ヴ フェット} **Vous faites** あなた(たち)は〜します
三人称（男性）	_{イル フェ} **Il fait** 彼は〜します	_{イル フォン} **Ils font** 彼らは〜します
三人称（女性）	_{エル フェ} **Elle fait** 彼女は〜します	_{エル フォン} **Elles font** 彼女たちは〜します

Point 2　faire^{フェール} の使い方

目的語に名詞を入れて「〜します」と言うときは、おもに定冠詞（総称的用法「〜というもの」）を用います。「〜をつくります」と言うときは、具体的にひとつひとつのものが想定されているので、不定冠詞や部分冠詞を用います。

例文

ジュ　フェ　レ　クルス
Je fais les courses.

わたしは買い物をします。

ジュ　フェ　デ　ガトー
Je fais des gâteaux.

わたしはケーキをつくります。

使ってみよう

実際の会話ではつぎのように使われます。

ルイ
Louis **Qu'est-ce que vous faites le week-end ?**
ケ ス ク ヴ フェット ル ウィケンド

あなたは週末に何をしていますか？

> ☞Point
>
> 「する」の意味の
> faire です。
> フェール

ユミ
Yumi **Je fais la cuisine. Et vous ?**
ジュ フェ ラ キュイズィーヌ エ ヴ

わたしは料理をします。あなたは？

ルイ
Louis **Moi aussi. Je fais de la cuisine française.**
モワ オスィ ジュ フェ ドゥ ラ キュイズィヌ フランセーズ

ぼくもですよ。ぼくはフランス料理をつくります。

> ☞Point
>
> 「つくる」の意味の
> faire です。
> フェール

ユミ
Yumi **Ah bon ?**
ア ボン

あら、そうなのですか？

Je voudrais apprendre la cuisine française.
ジュ ヴドゥレ アプラーンドル ラ キュイズィヌ フランセーズ

わたしはフランス料理を習いたいです。

語彙・表現

● le week-end
　ル ウィケンド
　名 男 週末

● faie la cuisine
　フェール ラ キュイズィーヌ
　料理をする

● faire de la cuisine française
　フェール ドゥ ラ キュイズィヌ フランセーズ
　フランス料理をつくる

● apprendre
　アプラーンドル
　動 ～を学ぶ、習う（不規則動詞）

Chapitre 3　フランス語の重要フレーズ

プラス α

faire を使った慣用句
フェール

「～します」などの意味だけでなく、金額を言う表現や、天候を言う表現（→ p. 80）など、faire はさまざまなところで使われます。定型表現として、その都度、覚えていきましょう。

Ça fait ＋金額
サ フェ

例文 **Ça fait 15 euros.**　（合計で）15 ユーロになります。
サ フェ カーンズ ズロ

Il fait ＋天候
イル フェ

例文 **Il fait beau.**　天気がいいです。（晴れです。）
イル フェ ボ

活用を覚えよう

動詞 faire（フェール）を主語にあわせてなぞり書きしましょう。

	faire「～をする、～をつくる」	
一人称	**Je** fais（ジュ フェ） わたしは～します	**Nous** faisons（ヌ フゾン） わたしたちは～します
二人称	**Tu** fais（テュ フェ） きみは～します	**Vous** faites（ヴ フェット） あなた（たち）は～します
三人称 （男性）	**Il** fait（イル フェ） 彼は～します	**Ils** font（イル フォン） 彼らは～します
三人称 （女性）	**Elle** fait（エル フェ） 彼女は～します	**Elles** font（エル フォン） 彼女たちは～します

書いてみよう

つぎの例文を書いて覚えましょう。

❶ Nous faisons la cuisine.（ヌ フゾン ラ キュィズィーヌ）

わたしたちは料理をします。

Nous faisons la cuisine.

❷ Elle fait les courses.（エ フェ レ クルス）

彼女は買い物をします。

Elle fait les courses.

表現 faire les courses（フェール レ クルス）「買い物をする」

116

解いてみよう

つぎの下線部に faire〔フェール〕を適切な形に活用させて入れましょう。

❶ Vous〔ヴ〕 _____ la cuisine〔ラ キュイズィーヌ〕 ?

あなたは料理をしますか？

❷ Il〔イル〕 _____ beau〔ボ〕 aujourd'hui〔オジュルデュイ〕.

きょうは天気がいいです。

語彙 〔形〕 beau〔ボ〕 / belle〔ベル〕「天気がよい、晴れている」 〔副〕 aujourd'hui〔オジュルデュイ〕「きょう」

❸ Ils〔イル〕 _____ du sport〔デュ スポール〕.

彼らはスポーツをします。

表現 faire du sport〔フェール デュ スポール〕「スポーツをする」

❹ Je n'aime pas〔ジュ ネム パ〕 _____ du sport〔デュ スポール〕.

わたしはスポーツをするのが好きではありません。

ヒント aimer〔エメ〕 ＋動詞の原形 「〜するのが好きだ」（→ p.103）

> ❷は天候の表現です。
> ❹は動詞の原形が
> 入りますね！

聞き取ろう 〔DL 3_18〕

音声を聞いて例文を書き取りましょう。

❶ _____

わたしはケーキをつくります。

表現 faire des gâteaux〔フェール デ ガトー〕「ケーキをつくる」

❷ _____

わたしは買い物をするのが好きです。

表現 faire les courses〔フェール レ クルス〕「買い物をする」

> これまで学んだ知識を
> フル活用すれば
> 聞き取れるはずです。

解答

📚 ❶ faites〔フェット〕 ❷ fait〔フェ〕 ❸ font〔フォン〕 ❹ faire〔フェール〕

🎧 ❶ Je fais des gâteaux.〔ジュ フェ デ ガトー〕 ❷ J'aime faire les courses.〔ジェム フェール レ クルス〕

117

～を知っています ～できます　動詞 savoir（サヴォワール）

DL 3_19

知っていることやできることを言えるようになりましょう。

Je sais nager.
（ジュ　セ　ナジェ）

| 主語 | 動詞 savoir（サヴォワール） | 動詞の原形 |

わたしは　　泳ぐことが　　できます。

Point 1　動詞 savoir（サヴォワール）の意味と活用

フランス語の savoir（サヴォワール）は、「～を知っています」という意味の動詞です。不規則動詞なので活用をしっかり覚えましょう。

活用　savoir（サヴォワール）「～を知っている」

一人称	Je sais（ジュ　セ）	わたしは～を知っています	Nous savons（ヌ　サヴォン）	わたしたちは～を知っています
二人称	Tu sais（テュ　セ）	きみは～を知っています	Vous savez（ヴ　サヴェ）	あなた（たち）は～を知っています
三人称（男性）	Il sait（イル　セ）	彼は～を知っています	Ils savent（イル　サーヴ）	彼らは～を知っています
三人称（女性）	Elle sait（エル　セ）	彼女は～を知っています	Elles savent（エル　サーヴ）	彼女たちは～を知っています

Point 2　savoir（サヴォワール）の使い方

savoir（サヴォワール）はもともと「～を知っています」「～がわかります」という意味ですが、動詞の原形を伴うと「～することができます」と能力を意味します。

Je ne sais pas.
（ジュ　ヌ　セ　パ）

わたしは知りません。《知っている》

Je ne sais pas nager.
（ジュ　ヌ　セ　パ　ナジェ）

わたしは泳げません。《能力》

使ってみよう

実際の会話ではつぎのように使われます。

シャルル
Charles **Tomomi, tu sais nager ?**
トモミ　テュ　セ　ナジェ

トモミ、きみは泳げる？

トモミ
Tomomi **Oui, je sais nager. Pourquoi ?**
ウィ　ジュ　セ　ナジェ　　プルコワ

えぇ、泳げるわ。どうして？

シャルル
Charles **Est-ce qu'on va à la mer ?**
エ　ス　コン　ヴァ　ア　ラ　メール

海へ行こうよ？

トモミ
Tomomi **Bonne idée ! On y va en voiture ?**
ボン　ニデ　　オ　ニ　ヴァ　アン　ヴォワテュール

いい考えね！　車で行く？

Je sais conduire.
ジュ　セ　　コンデュイール

わたしは車を運転できるわ。

☞**Point**

«savoir ＋動詞
の原形»で、
「～ができる」と言う
ことができます。
サヴォワール

語彙・表現

● nager _ナジェ_
　[動] 泳ぐ（第1群規則動詞）

● on _オン_
　[代] 人は、人々は、私たちは（=nous）_ヌ_

● la mer _ラ　メール_
　[名][女] 海

● en voiture _アン　ヴォワテュール_
　車で

● conduire _コンデュイール_
　車を運転する

プラス α

能力を表す
savoir ＋動詞の原形
サヴォワール

savoir ＋動詞の原形「～できます」は学習や訓練によっ
サヴォワール
て得られた能力を示します。
可能を表す pouvoir ＋動詞の原形「～できます」（→p.123）
プヴォワール
とは意味が異なるので気をつけましょう。

savoir ＋動詞の原形
サヴォワール

例文 **Je sais conduire.** わたしは車を運転できます。
ジュ　セ　　コンデュイール

＊運転の仕方を知ってる（能力がある）場合　　　　　《能力》

活用を覚えよう

動詞 savoir を主語にあわせてなぞり書きしましょう。

	savoir 「～を知っている」	
一人称	**Je** sais わたしは～を知っています	**Nous** savons わたしたちは～を知っています
二人称	**Tu** sais きみは～を知っています	**Vous** savez あなた（たち）は～を知っています
三人称 （男性）	**Il** sait 彼は～を知っています	**Ils** savent 彼らは～を知っています
三人称 （女性）	**Elle** sait 彼女は～を知っています	**Elles** savent 彼女たちは～を知っています

書いてみよう

つぎの例文を書いて覚えましょう。

❶ **Je sais patiner.**

わたしはスケートができます。

Je sais patiner.

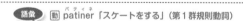

語彙 動 patiner「スケートをする」（第1群規則動詞）

❷ **Elle sait parler français.**

彼女はフランス語を話せます。

Elle sait parler français.

> どちらも「～できる」と
> 能力について言っている
> 例文ですね。

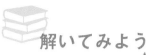

解いてみよう

つぎの下線部に savoir〔サヴォワール〕を適切な形に活用させて入れましょう。

❶ Il 〔イル〕 **_____ tout.** 〔トゥ〕

彼はすべてを知っています。

語彙 〔代〕tout〔トゥ〕「すべて」

❷ Ils 〔イル〕 **_____ parler** 〔パルレ〕 **anglais.** 〔アングレ〕

彼らは英語を話せます。

語彙 〔名〕anglais〔アングレ〕「英語」

❸ Vous 〔ヴ〕 **_____ faire la cuisine ?** 〔フェール ラ キュイズィーヌ〕

あなたは料理ができますか？

❹ Je ne 〔ジュ ヌ〕 **_____ pas conduire.** 〔パ コンデュイール〕

わたしは車の運転ができません。

聞き取ろう  DL 3_20

音声を聞いて例文を書き取りましょう。

❶ _____

わたしは知りません。

❷ _____

わたしは英語が話せません。

語彙 〔名〕anglais〔アングレ〕「英語」

> まずは訳を見ないで
> 聞いてみましょう。

解答

❶ sait〔セ〕 ❷ savent〔サーヴ〕 ❸ savez〔サヴェ〕 ❹ sais〔セ〕

❶ Je ne sais pas.〔ジュ ヌ セ パ〕 ❷ Je ne sais pas parler anglais.〔ジュ ヌ セ パ パルレ アングレ〕

「～してもよいですか」「～してもらえますか」という許可や依頼の表現です。

ヴ Vous **プヴェ** pouvez **ウヴリール** ouvrir **ラ** la **フネートル** fenêtre ?

| 主語 | 動詞 pouvoir ブヴォワール | 動詞の原形 | 目的語 |

（あなたは） 窓を 開けて もらえますか？

Point 1 動詞pouvoir ブヴォワール の意味と活用

フランス語の pouvoir ブヴォワール は、別の動詞の原形を伴って「～できます」という意味の可能の表現をつくる動詞です（→ プラスα ）。

活用

pouvoir ブヴォワール 「～できる」

一人称	**ジュ プ** Je peux	わたしは～できます	**ヌ プヴォン** Nous pouvons	わたしたちは～できます
二人称	**テュ プ** Tu peux	きみは～できます	**ヴ プヴェ** Vous pouvez	あなた(たち)は～できます
三人称（男性）	**イル プ** Il peut	彼は～できます	**イル プーヴ** Ils peuvent	彼らは～できます
三人称（女性）	**エル プ** Elle peut	彼女は～できます	**エル プーヴ** Elles peuvent	彼女たちは～できます

Point 2 pouvoir ブヴォワール の使い方

pouvoir ブヴォワール はほかにも状況によってさまざまな使い方があります。je ジュ「わたし」が主語の疑問文で「～してもよいですか」と許可を求める表現になったり、また tu テュ「きみ」や vous「あなた」が主語の疑問文で「～してもらえますか」という依頼の表現になったりします。

例文

ジュ プ ウヴリール ラ フネートル Je peux ouvrir la fenêtre ?

窓を開けてもよいですか？《許可》

テュ プ ウヴリール ラ フネートル Tu peux ouvrir la fenêtre ?

窓を開けてもらえる？《依頼》

使ってみよう

実際の会話ではつぎのように使われます。

Michel **Vous pouvez me passer le sel ?**
　ヴ　プヴェ　ム　パセ　ル　セル

塩を取ってもらえますか？

Rika **Oui, voilà.**
リカ　ウィ　ヴォワラ

えぇ、どうぞ。

pouvoir を使った
依頼の表現です。

Michel **Mais, il fait chaud dans la cuisine.**
ミシェル　メ　イル フェ　ショ　ダン　ラ　キュイズィーヌ

だけど、キッチンの中、暑いね。

Vous pouvez ouvrir la fenêtre ?
ヴ　プヴェ　ウヴリール　ラ　フネートル

窓を開けてもらえますか？

Rika **Oui, bien sûr !**
リカ　ウィ　ビャン　スュール

えぇ、もちろんです！

語彙・表現

- **passer le sel**
  パセ　ル　セル
  塩を手渡す
- **Il fait chaud.**
  イル フェ　ショ
  （天候や気温が）暑い（→ p.80）
- **la cuisine**
  ラ　キュイズィーヌ
  名 女 キッチン、台所、料理
- **bien sûr**
  ビャン　スュール
  もちろん

Chapitre 3　フランス語の重要フレーズ

プラスα

可能を表す
pouvoir ＋ 動詞の原形
プヴォワール

pouvoir ＋動詞の原形は可能を表して「〜できます」
プヴォワール
という意味になります。
savoir ＋動詞の原形は能力を表して「〜できます」
サヴォワール
（→ p.119）でしたね。意味が異なるので気をつけましょう。
う。

例文

pouvoir ＋ 動詞の原形
プヴォワール

Je peux conduire.　わたしは車を運転できます。
ジュ　プ　コンデュイール

＊飲酒をしてないので運転できる（可能である）場合　　《可能》

123

活用を覚えよう

動詞 pouvoir（ブヴォワール）を主語にあわせてなぞり書きしましょう。

pouvoir「〜できる」（ブヴォワール）		
一人称	**Je peux**（ジュ ブ） わたしは〜できます	**Nous pouvons**（ヌ ブヴォン） わたしたちは〜できます
二人称	**Tu peux**（テュ ブ） きみは〜できます	**Vous pouvez**（ヴ ブヴェ） あなた（たち）は〜できます
三人称 （男性）	**Il peut**（イル ブ） 彼は〜できます	**Ils peuvent**（イル ブーヴ） 彼らは〜できます
三人称 （女性）	**Elle peut**（エル ブ） 彼女は〜できます	**Elles peuvent**（エル ブーヴ） 彼女たちは〜できます

書いてみよう

つぎの例文を書いて覚えましょう。

❶ Vous pouvez me passer le poivre ?（ヴ ブヴェ ム パセ ル ポワーヴル）

胡椒を取ってもらえますか？

Vous pouvez me passer le poivre ?

> 補語人称代名詞（ここでは me = わたしに）は動詞の前に入ります（→ p.76）。

表現 passer A à B（パセ ア ブ）「AをBに手渡す」　語彙 名男 le poivre（ル ポワーヴル）「胡椒」

❷ Vous pouvez ouvrir la porte ?（ヴ ブヴェ ウヴリール ラ ポルト）

ドアを開けてもらえますか？

Vous pouvez ouvrir la porte ?

語彙 名女 une porte（ユヌ ポルト）「ドア」

解いてみよう

つぎの下線部に pouvoir〔ブヴォワール〕を適切な形に活用させて入れましょう。

❶ Vous〔ヴ〕 _____ fermer〔フェルメ〕 la〔ラ〕 porte〔ポルト〕 ?

ドアを閉めてもらえますか？

語彙 動 fermer〔フェルメ〕「〜を閉める」（第1群規則動詞）

❷ Je〔ジュ〕 _____ payer〔ペイエ〕 par〔パル〕 carte〔カルト〕 ?

クレジットカードで支払いできますか（支払いをしてもよいですか）？

語彙 動 payer〔ペイエ〕「支払う」 表現 par carte〔パル カルト〕「クレジットカードで」

❸ Nous〔ヌ〕 _____ déguster〔デギュステ〕 ?

試飲（試食）できますか（試飲（試食）してもよいですか）？

語彙 動 déguster〔デギュステ〕「〜を試飲する、試食する」（第1群規則動詞）

❹ Je〔ジュ〕 ne〔ヌ〕 _____ pas〔パ〕 conduire〔コンデュイール〕.

わたしは（いま飲酒をしていて）車の運転ができません。

聞き取ろう DL 3_22

音声を聞いて例文を書き取りましょう。

❶ _____

塩を取ってもらえますか？

語彙 名 男 le sel〔ル セル〕「塩」

❷ _____

窓を開けてもらえますか？

語彙 動 ouvrir〔ウヴリール〕「〜を開ける」（第1群規則動詞） 名 女 la fenêtre〔ラ フネートル〕「窓」

だんだん
聞き取れるように
なってきましたね。

Chapitre 3　フランス語の重要フレーズ

解答

❶ pouvez〔プヴェ〕 ❷ peux〔プ〕 ❸ pouvons〔プヴォン〕 ❹ peux〔プ〕

❶ Vous〔ヴ〕 pouvez〔プヴェ〕 me〔ム〕 passer〔パセ〕 le〔ル〕 sel〔セル〕 ? ❷ Vous〔ヴ〕 pouvez〔プヴェ〕 ouvrir〔ウヴリール〕 la〔ラ〕 fenêtre〔フネートル〕 ?

～が欲しいです ～したいです　動詞 vouloir

ヴロワール

DL 3_23

「～が欲しいです」「～したいです」と欲求や願望を伝える表現です。

ジュ　ヴ　アレ　ヴォワール　アン　フィルム

Je veux aller voir un film.

| 主語 | 動詞 vouloir
ヴロワール | 動詞の原形 | 目的語 |

（わたしは）　映画を　見に行き　たいです。

Point 1　動詞vouloir の意味と活用

ヴロワール

フランス語の vouloir は、「～が欲しいです」「～したいです」という欲求や願望の意味をもつ動詞です。

活用

vouloir「～が欲しい、～したい」
ヴロワール

一人称	ジュ ヴ **Je veux**	わたしは ～したいです	ヌ ヴロン **Nous voulons**	わたしたちは ～したいです
二人称	テュ ヴ **Tu veux**	きみは ～したいです	ヴ ヴレ **Vous voulez**	あなた（たち）は ～したいです
三人称（男性）	イル ヴ **Il veut**	彼は ～したいです	イル ヴール **Ils veulent**	彼らは ～したいです
三人称（女性）	エル ヴ **Elle veut**	彼女は ～したいです	エル ヴール **Elles veulent**	彼女たちは ～したいです

Point 2　vouloir の使い方
ヴロワール

vouloir は、名詞を伴うと「～が欲しい」という意味になります。また、動詞の原形を伴って「～したい」という意味になります。

例文

ジュ ヴ アン カフェ

Je veux un café.

コーヒーを（一杯）欲しいです。《欲求》

ジュ ヴ プラーンドル アン カフェ

Je veux prendre un café.

コーヒーを（一杯）飲みたいです。《願望》

使ってみよう

実際の会話ではつぎのように使われます。

アンドレ
André
Je veux aller voir un film ce week-end.
ジュ　ヴ　アレ　ヴォワール　アン　フィルム　ス　ウィケンド

今週末、映画を見に行きたいな。

ノリコ
Noriko
Quel film tu veux voir ?
ケル　フィルム　テュ　ヴ　ヴォワール

どの映画を見たいの？

アンドレ
André
Je veux voir un film japonais.
ジュ　ヴ　ヴォワール　アン　フィルム　ジャポネ

日本の映画を見たいんだ。

Tu veux venir avec moi ?
テュ　ヴ　ヴニール　アヴェク　モワ

きみも一緒に行きたい？

ノリコ
Noriko
Oui, je veux bien !
ウィ　ジュ　ヴ　ビヤン

えぇ、行きたいわ！

☞ **Point**

«vouloir +
動詞の原形» で
したいことを
言いましょう。
ヴロワール

Chapitre 3　フランス語の重要フレーズ

語彙・表現

● aller voir un film
アレ　ヴォワール　アン　フィルム
映画を見に行く

● ce week-end
ス　ウィケンド
今週末

● voir
ヴォワール
動 〜を見る

● un film
アン　フィルム
名 男 映画（作品）

プラスα

丁寧な願望の表現

さらに丁寧な願望の表現 « Je voudrais 〜 . »「〜が欲しいのですが」、「〜したいのですが」も覚えておきましょう。ちなみに、« Je voudrais 〜 . » は « Je veux 〜 . » の条件法という形です。
ジュ　ヴドレ

例文 Je voudrais un café.
ジュ　ヴドレ　アン　カフェ
コーヒーを（一杯）欲しいのですが。

例文 Je voudrais prendre un café.
ジュ　ヴドレ　プラーンドル　アン　カフェ
コーヒーを（一杯）いただきたいのですが。

活用を覚えよう

動詞 vouloir（ヴロワール）を主語にあわせてなぞり書きしましょう。

	vouloir（ヴロワール）「〜が欲しい、〜したい」	
一人称	Je veux（ジュ ヴ） わたしは〜したいです	Nous voulons（ヌ ヴロン） わたしたちは〜したいです
二人称	Tu veux（テュ ヴ） きみは〜したいです	Vous voulez（ヴ ヴレ） あなた（たち）は〜したいです
三人称 （男性）	Il veut（イル ヴ） 彼は〜したいです	Ils veulent（イル ヴール） 彼らは〜したいです
三人称 （女性）	Elle veut（エル ヴ） 彼女は〜したいです	Elles veulent（エル ヴール） 彼女たちは〜したいです

書いてみよう

つぎの例文を書いて覚えましょう。

❶ Je veux prendre un thé.（ジュ ヴ・プラーンドル アン テ）

わたしは紅茶を（一杯）飲みたいです。

Je veux prendre un thé.

> 語彙 動 prendre（プラーンドル）「〜を飲む、食べる」 名男 un thé（アン テ）「紅茶」

❷ Je voudrais aller aux toilettes.（ジュ ヴドレ アレ オ トワレット）

トイレに行きたいのですが。

Je voudrais aller aux toilettes.

> ❷は条件法を使った丁寧な言い方です。条件法は本書では学習しません。日常会話でよく使う《Je voudrais 〜（＋動詞の原形）》（ジュ ヴドレ）の表現のまま覚えてしまいましょう。

> 語彙 名女複 les toilettes（レ トワレット）「トイレ」

128

解いてみよう

つぎの下線部に vouloir ^{ヴロワール}を適切な形に活用させて入れましょう。

❶ Je ^{ジュ} _____ ouvrir la fenêtre. ^{ウヴリール ラ フネートル}

わたしは窓を開けたいです。

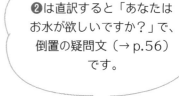

❷は直訳すると「あなたは お水が欲しいですか？」で、 倒置の疑問文（→ p.56） です。

❷ _____ -vous de l'eau ? ^{ヴ ドゥ ロ}

お水はいかがですか？

❸ Nous ^ヌ _____ goûter le vin. ^{グテ ル ヴァン}

わたしたちはワインを味見したいです。

表現 goûter le vin ^{グテ ル ヴァン}「ワインを味見する、味わう」

❹ Je ne ^{ジュ ヌ} _____ pas conduire. ^{パ コンデュイール}

わたしは車を運転したくありません。

Chapitre 3　フランス語の重要フレーズ

聞き取ろう

DL 3_24

音声を聞いて例文を書き取りましょう。

❶ _____

紅茶を（一杯）欲しいです。

語彙 名 男 un thé ^{アン テ}「紅茶」

❶は vouloir ^{ヴロワール}＋名詞《欲求》、 ❷は vouloir ^{ヴロワール}＋動詞の原形 《願望》の表現です。

❷ _____

映画を見たいです。

語彙 動 voir ^{ヴォワール}「〜を見る」（不規則動詞）　名 男 un film ^{アン フィルム}「映画」

解答

📖 **❶** veux ^ヴ **❷** Voulez ^{ヴレ} **❸** voulons ^{ヴロン} **❹** veux ^ヴ
🎧 **❶** Je veux un thé. ^{ジュ ヴ アン テ} **❷** Je veux voir un film. ^{ジュ ヴ ヴォワール アン フィルム}

～しなくてはいけません ～のはずです 動詞 devoir
ドゥヴォワール

DL
3_25

「～しなくてはいけません」と言うときの義務や必要の表現です。

ジュ　　　ドワ　　　　バルティール　　　　ドゥマン
Je dois partir demain.

主語　　動詞 devoir　　　動詞の原形
　　　　ドゥヴォワール

（わたしは）　明日　　出発　しなくてはいけません。

Point 1　動詞 devoir の意味と活用
　　　　　　　ドゥヴォワール

フランス語の devoir は、動詞の原形を伴って「～しなくてはいけません」と
　　　　　　　ドゥヴォワール
いう義務や必要の意味をもつ動詞です。

活用

	devoir「～しなければならない」 ドゥヴォワール			
一人称	ジュ　ドワ **Je dois**	わたしは ～しなくてはいけません	ヌ　　　ドゥヴォン **Nous devons**	わたしたちは ～しなくてはいけません
二人称	テュ　ドワ **Tu dois**	きみは ～しなくてはいけません	ヴ　　ドゥヴェ **Vous devez**	あなた（たち）は ～しなくてはいけません
三人称（男性）	イル　ドワ **Il doit**	彼は ～しなくてはいけません	イル　ドワーヴ **Ils doivent**	彼らは ～しなくてはいけません
三人称（女性）	エル　ドワ **Elle doit**	彼女は ～しなくてはいけません	エル　ドワーヴ **Elles doivent**	彼女たちは ～しなくてはいけません

Point 2　devoir の使い方
　　　　　　ドゥヴォワール

そのほかにも、devoir は、動詞の原形を伴って「～にちがいない」「～のは
　　　　　　　ドゥヴォワール
ずである」という推量や可能性の意味にもなります。

例文

イル　ドワ　　トラヴァイエ
Il doit travailler.

イル　ドワ　エートル　ファティゲ
Il doit être fatigué.

彼は働かなくてはいけません。《義務・必要》　　　彼は疲れているはずです。《推量・可能性》

使ってみよう

実際の会話ではつぎのように使われます。

ピエール
Pierre
Je dois partir demain pour la Normandie.

明日、ノルマンディーに出かけないといけないんだ。

アイ
Aï
Pour la Normandie ?

ノルマンディーへ？

Tu dois prendre un parapluie.

傘を持っていかないといけないわね。

☞Point

devoir を使った
必要・義務を
表す文章です。

ピエール
Pierre
Pourquoi ?

どうして？

アイ
Aï
Demain, il doit pleuvoir.

明日は雨が降るはずよ。

☞Point

devoir を使った
推量・可能性を
表す文章です。

> **語彙・表現**
> ● partir pour 〜
> 〜に向けて出発する
> ● demain
> 副 明日
> ● parapluie
> 名 男 傘
> ● Il pleut.
> 雨が降る（→ p.80）

Chapitre 3　フランス語の重要フレーズ

プラスα

devoir を用いた否定文

ne pas devoir ＋ 動詞の原形

devoir は肯定文では、必要・義務や、推量・可能性の意味ですが、否定文では、禁止の意味「〜してはいけません」になります。

例文
Il ne doit pas travailler.

彼は働いてはいけません。《禁止》

活用を覚えよう

動詞 devoir^{ドゥヴォワール} を主語にあわせてなぞり書きしましょう。

	devoir「〜しなければならない」（ドゥヴォワール）	
一人称	**Je dois**（ジュ ドワ） わたしは〜しなくてはいけません	**Nous devons**（ヌ ドゥヴォン） わたしたちは〜しなくてはいけません
二人称	**Tu dois**（テュ ドワ） きみは〜しなくてはいけません	**Vous devez**（ヴ ドゥヴェ） あなた（たち）は〜しなくてはいけません
三人称 （男性）	**Il doit**（イル ドワ） 彼は〜しなくてはいけません	**Ils doivent**（イル ドワーヴ） 彼らは〜しなくてはいけません
三人称 （女性）	**Elle doit**（エル ドワ） 彼女は〜しなくてはいけません	**Elles doivent**（エル ドワーヴ） 彼女たちは〜しなくてはいけません

書いてみよう

つぎの例文を書いて覚えましょう。

❶ Je dois déjà partir.（ジュ ドワ デジャ パルティール）

わたしはもうおいとましなくてはいけません。

Je dois déjà partir.

語彙 副 déjà^{デジャ}「もう、すでに」 動 partir^{パルティール}「出発する」（不規則動詞）

❷ Je dois écrire à mes parents.（ジュ ドワ エクリール ア メ パラン）

わたしは両親に手紙を書かなくてはいけません。

Je dois écrire à mes parents.

どちらも義務の
意味ですね。

表現 écrire à 人^{エクリール ア}「（人）に手紙を書く」

解いてみよう

つぎの下線部に devoir（ドゥヴォワール）を適切な形に活用させて入れましょう。

❶ Je（ジュ）_____ écouter（エクテ） la（ラ） radio（ラディヨ）.

わたしはラジオを聞かなくてはいけません。

> 語彙　動 écouter（エクテ）「〜を聞く」（第1群規則動詞）　名 女 la radio（ラ ラディヨ）「ラジオ」

❷ Vous（ヴ） _____ payer（ペイエ） en（アン） espèces（ネスペス）.

あなたは現金で支払わなくてはいけません。

> 表現　en espèces（アン ネス ペス）「現金で」

❸ Nous（ヌ） _____ travailler（トラヴァイエ） tous（トゥ） les（レ） jours（ジュール）.

わたしたちは毎日働かなくては（勉強しなくては）いけません。

> 表現　tous les jours（トゥ レ ジュール）「毎日」

❹ Tu（テュ） ne（ヌ） _____ pas（パ） laisser（レセ） ton（トン） vélo（ヴェロ） là-bas（ラ バ）.

あなたはあそこに自転車を停めてはいけません。

> 語彙　動 laisser（レッセ）「〜を置いておく」（第1群規則動詞）　名 男 un vélo（アン ヴェロ）「自転車」　副 là-bas（ラ バ）「あそこに」

 聞き取ろう　DL 3_26

音声を聞いて例文を書き取りましょう。

❶ _____

わたしは明日の朝、出発しなくてはいけません。

> 語彙　動 partir（パルティール）「出発する」（不規則動詞）
> 表現　demain matin（ドゥマン マタン）「明日の朝」

❷ _____

彼女は働いてはいけません。

> 語彙　動 travailler（トラヴァイエ）「働く、勉強する」（第1群規則動詞）

❷は否定文だから、禁止の意味です（→ p.131）。

解答

❶ dois（ドワ） ❷ devez（ドゥヴェ） ❸ devons（ドゥヴォン） ❹ dois（ドワ）

❶ Je dois partir demain matin.（ジュ ドワ パルティール ドゥマン マタン） ❷ Elle ne doit pas travailler.（エル ヌ ドワ パ トラヴァイエ）

Chapitre 3

~は何ですか **疑問代名詞 que （ク）**

DL 3_27

ものやことを尋ねるフレーズを覚えましょう。

Qu'est-ce que c'est ?
（ケ　ス　ク　セ）

疑問代名詞	疑問文の est-ce que	主語 動詞 être（エートル）

これは　何　ですか？

Point 1 疑問代名詞 que (qu') （ク）の使い方

que (qu') は「何」というものを尋ねる疑問代名詞です。疑問代名詞は、主語の位置にあれば「何が」、目的語の位置にあれば「何を」、属詞の位置にあれば「何」という訳になります（→ p.52）。ここでは、「何」と属詞を尋ねる疑問文をつくってみましょう。疑問文のつくり方は3通り考えられます（→ p.57）。

例文

est-ce que をつける疑問文		イントネーションによる疑問文

Qu'est-ce que c'est ?　　＝　　C'est quoi ?
（ケ　ス　ク　セ）　　　　　　　　　　（セ　コワ）

これは何ですか？《丁寧な言い方》　　　これは何？《カジュアルな言い方》

* que には強勢形 quoi （ク ワ）があり、moi や toi のように、前置詞の後ろや属詞（être の補語）の位置では quoi （ク ワ）となります（→ p.77）。

* この例文は倒置の疑問文にはできません。

使ってみよう

実際の会話ではつぎのように使われます。

Chika（チカ）　**Qu'est-ce que c'est, une "sole meunière" ?**
（ケ　ス　ク　セ　ユヌ　ソル　ムニエール）

「舌平目のムニエル」これはなんですか？

Le serveur（ル　セルヴール）　**C'est un plat de poisson.**
（セ　タン　プラ　ドゥ　ポワソン）

給仕　　それは魚の料理です。

語彙・表現

● un plat（アン　プラ）[名][男] 皿、料理　　● un poisson（アン　ポワソン）[名][男] 魚

134

Chapitre 3

~は何ですか　**疑問代名詞 que（ク）**

DL 3_27

ものやことを尋ねるフレーズを覚えましょう。

Qu'est-ce que c'est ?
（ケ　ス　ク　セ）

疑問代名詞　　疑問文の est-ce que　　主語 動詞 être（エートル）

これは　何　ですか？

Point 1　疑問代名詞 que (qu')（ク）の使い方

que (qu') は「何」というものを尋ねる疑問代名詞です。疑問代名詞は、主語の位置にあれば「何が」、目的語の位置にあれば「何を」、属詞の位置にあれば「何」という訳になります（→ p.52）。ここでは、「何」と属詞を尋ねる疑問文をつくってみましょう。疑問文のつくり方は3通り考えられます（→ p.57）。

例文

est-ce que をつける疑問文　　　イントネーションによる疑問文

Qu'est-ce que c'est ?　＝　C'est quoi ?
（ケ　ス　ク　セ）　　　　　　（セ　コワ）

これは何ですか？《丁寧な言い方》　　　これは何？《カジュアルな言い方》

* que には強勢形 quoi（ク ワ）があり、moi や toi のように、前置詞の後ろや属詞（être の補語）の位置では quoi（ク ワ）となります（→ p.77）。

* この例文は倒置の疑問文にはできません。

使ってみよう

実際の会話ではつぎのように使われます。

Chika（チカ）

Qu'est-ce que c'est, une "sole meunière" ?
（ケ　ス　ク　セ　ユヌ　ソル　ムニエール）

「舌平目のムニエル」これはなんですか？

Le serveur（ル　セルヴール）

C'est un plat de poisson.
（セ　タン　プラ　ドゥ　ポワソン）

給仕　　それは魚の料理です。

語彙・表現

● un plat（アン　プラ）[名][男] 皿、料理　　● un poisson（アン　ポワソン）[名][男] 魚

134

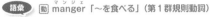

書いてみよう

つぎの例文を書いて覚えましょう。

❶ Qu'est-ce que vous mangez ?
<ruby>ケ<rt></rt></ruby> <ruby>ス<rt></rt></ruby> <ruby>ク<rt></rt></ruby> <ruby>ヴ<rt></rt></ruby> <ruby>マンジェ<rt></rt></ruby>

あなたは何を食べますか？

Qu'est-ce que vous mangez ?

> **語彙** 動 manger「～を食べる」（第1群規則動詞）
> **ヒント** est-ce que を用いた疑問文です。疑問代名詞 Que(Qu') で、動詞 manger「～を食べる」の目的語「何を」を尋ねています。

❷ Qu'est-ce que vous faites ?
<ruby>ケ<rt></rt></ruby> <ruby>ス<rt></rt></ruby> <ruby>ク<rt></rt></ruby> <ruby>ヴ<rt></rt></ruby> <ruby>フェット<rt></rt></ruby>

あなたは何をしているのですか？

Qu'est-ce que vous faites ?

> **ヒント** est-ce que を用いた疑問文です。疑問代名詞 Que(Qu') で、動詞 faire「～をする」の目的語「何を」を尋ねています。

❷はいま現在していることだけでなく、職業を尋ねるときにも使う表現です。

聞き取ろう

DL 3_28

音声を聞いて例文を書き取りましょう。

❶ _____

これは何ですか？

> **ヒント** est-ce que を用いた疑問文です。

❷ _____

これは何？

> **ヒント** イントネーションによる疑問文です。

どちらも、よく使うので、聞き取れるようになりましょう。

解答

❶ Qu'est-ce que c'est ? ❷ C'est quoi ?
<ruby>ケ<rt></rt></ruby> <ruby>ス<rt></rt></ruby> <ruby>ク<rt></rt></ruby> <ruby>セ<rt></rt></ruby> <ruby>セ<rt></rt></ruby> <ruby>コワ<rt></rt></ruby>

人を尋ねるフレーズを覚えましょう。

Qui est-ce ?

疑問代名詞	動詞	主語

これは　誰　ですか？

Point 1 疑問代名詞 qui の使い方

qui は「誰」という人を尋ねる疑問代名詞です。疑問代名詞 qui は、主語の位置にあれば「誰が」、目的語の位置にあれば「誰を（に）」、属詞の位置にあれば「誰」という訳になります（→ p.52）。ここでは「誰」と属詞を尋ねる疑問文をつくってみましょう。疑問文のつくり方は3通り考えられます（→ p.57）。

 例文

倒置による疑問文		イントネーションによる疑問文
Qui est-ce ?	=	**C'est qui ?**
これは誰ですか？		これは誰ですか？

＊ que と異なり qui には強勢形はありません（→ p134）。
＊この例文では、est-ce que を用いた疑問文はあまり使いません。

使ってみよう

実際の会話ではつぎのように使われます。

Kayo（カヨ）
Qui est-ce ?
こちらは誰ですか？

Clément（クレマン）
C'est un homme politique.
こちらは政治家です。

 語彙・表現
● un homme politique（アン ノム ポリティック）　名 男 政治家

書いてみよう

つぎの例文を書いて覚えましょう。

❶ **Tu aimes qui dans cette classe ?**

きみはこのクラスのなかで誰が好きなの？

Tu aimes qui dans cette classe ?

> **語彙** 前 dans「〜のなかで」 名 女 une classe「クラス」
> **ヒント** イントネーションによる疑問文です。疑問代名詞 qui で、動詞 aimer「〜が好き」の目的語「誰を」を尋ねています。

❷ **Qui est le directeur ?**

支配人（責任者）は誰ですか？

Qui est le directeur ?

> qui は属詞かな？
> 目的語かな？

> **語彙** 名 男 directeur「（組織の）長、所長、部長、校長、支配人」
> **ヒント** 倒置による疑問文です。疑問代名詞 qui で、属詞「誰」を尋ねています。

 聞き取ろう DL 3_30

音声を聞いて例文を書き取りましょう。

❶ _____

これは誰ですか？

> **ヒント** 主語と動詞の倒置による疑問文です。

❷ _____

これは誰ですか？

> **ヒント** イントネーションによる疑問文です。

解答

❶ Qui est-ce ? ❷ C'est qui ?

～はどこですか　疑問副詞 où

DL 3_31

場所を尋ねるフレーズを覚えましょう。

ウ　　　　　ソン　　　レ　　　　　　トワレット
Où sont les toilettes ?

疑問副詞　　　動詞　　　　　　　　主語

トイレは　どこ　ですか？

Point 1 疑問副詞où の使い方

où は「どこ」という場所を表す疑問副詞です。疑問副詞は状況を表す補佐的な位置（文頭または文末近く）に入ります。疑問副詞を用いた疑問文には、やはり3つの疑問文のつくり方があります（→ p.57）。

例文

倒置による疑問文	イントネーションによる疑問文

ウ　　ソン　　レ　　　トワレット　　　　　　　　　レ　　　トワレット　　　ソン　　ウ
Où sont les toilettes ? = Les toilettes sont où ?

　　トイレはどこですか？　　　　　　　　　トイレはどこですか？

＊この例文では、est-ce que を用いた疑問文はあまり使いません。

使ってみよう

実際の会話ではつぎのように使われます。

マミ
Mami
エクスキュゼ　　モワ　　ウ　　ソン　　レ　　　トワレット
Excusez-moi, où sont les toilettes ?

すみません、トイレはどこですか？

ル　セルヴール
Le serveur
エル　　ソン　ト　フォン　デュ　カフェ
Elles sont au fond du café.

給仕　　　　トイレはカフェの奥にあります。

 語彙・表現

- レ　トワレット
les toilettes 名女複 トイレ
- オ　フォン　ドゥ
au fond de ～ ～の奥に

書いてみよう

つぎの例文を書いて覚えましょう。

❶ テュ トラヴァイユ ウ
Tu travailles où ?

きみはどこで働いているの？

Tu travailles où ?

> 主語が人称代名詞でないときは、倒置になっても -（トレデュニオン）はつきません（→ p.56）。

語彙 動 travailler「働く、勉強する」（第1群規則動詞）

❷ ウ アビット ヴォ パラン
Où habitent vos parents ?

あなたの両親はどこに住んでいますか？

Où habitent vos parents ?

語彙 動 habiter「住む」（第1群規則動詞） 名 男 復 des parents「両親」

聞き取ろう

DL 3_32

音声を聞いて例文を書き取りましょう。

❶
_____

あなたはどこへ行きますか？

語彙 動 aller「行く」（→ p.106）
ヒント イントネーションによる疑問文です。

❷
_____

あなたはどこに住んでいますか？

語彙 動 habiter「住む」（第1群規則動詞）
ヒント 主語と動詞の倒置の疑問文です。

解答

❶ Vous allez où ? ❷ Où habitez-vous ?

～はいつですか　疑問副詞 quand

DL 3_33

時を尋ねるフレーズを覚えましょう。

Quand partez-vous ?

カン　　　　　パルテ　　　ヴ

疑問副詞	動詞	主語

あなたは　いつ　出発しますか？

Point 1　疑問副詞quand の使い方

quand は「いつ」という時を表す疑問副詞です。où と同様、状況を表す補佐的な位置に入り、やはり 3 つの疑問文のつくり方があります（→ p.57）。

例文

倒置による疑問文	イントネーションによる疑問文

カン　　パルテ　　ヴ　　　　　　　　ヴ　　　パルテ　　カン

Quand partez-vous ?　＝　Vous partez quand ?

あなたはいつ出発しますか？　　　　あなたはいつ出発しますか？

＊この例文を est-ce que を用いた例文にすると右ページの「書いてみよう」の❶になります。

使ってみよう

実際の会話ではつぎのように使われます。

マヤ
Maya

カン　　　パルテ　　ヴ

Quand partez-vous ?

あなたたちはいつ出発しますか？

ジュリアン
Julien

ヌ　　　ザロン　　　パルティール　　ドゥマン

Nous allons partir demain.

僕たちはあした出発するつもりだよ。

語彙・表現

パルティール
● partir　動 出発する（不規則動詞）

ドゥマン
● demain　副 明日

書いてみよう

つぎの例文を書いて覚えましょう。

❶ Quand est-ce que vous partez ?
<small>カン　テ　ス　ク　ヴ　パルテ</small>

あなたはいつ出発しますか？

Quand est-ce que vous partez ?

❶は左のページの例文を
est-ce que
<small>エ　スク</small>
をつける疑問文に
したものです。

❷ Quand arrivez-vous à la gare ?
<small>カン　タリヴェ　ヴ　ア　ラ　ガール</small>

あなたはいつ駅に到着しますか？

Quand arrivez-vous à la gare ?

語彙 動 arriver「到着する」（第1群規則動詞）
<small>アリヴェ</small>

ヒント 主語と動詞の倒置による疑問文です。

聞き取ろう <small>DL 3_34</small>

音声を聞いて例文を書き取りましょう。

❶ _____

あなたはいつ出発しますか？

語彙 動 partir「出発する」（不規則動詞）
<small>パルティール</small>

ヒント 主語と動詞の倒置による疑問文です。

❷ _____

きみはいつパリに行きたい？

表現 動 vouloir ＋動詞の原形「～したい」（→ p.126）　aller à ～「～に行く」
<small>ヴロワール</small> <small>アレ ア</small>

ヒント イントネーションによる疑問文です。

解答

 ❶ Quand partez-vous ? ❷ Tu veux aller quand à Paris ?
<small>カン　パルテ　ヴ</small> <small>テュ　ヴ　アレ　カン　ア　パリ</small>

<small>（縦書き右側）Chapitre 3　フランス語の重要フレーズ</small>

状態や手段を尋ねるフレーズを覚えましょう。

コマン　　　　　　　　テュ　ヴァ　ア　ラ　ファック

Comment tu vas à la fac ?

疑問副詞　　　　　　主語　　　動詞　　　場所を表す状況補語

きみは　どうやって　大学に　行く？

Point 1 疑問副詞comment の使い方

comment は「どのように」という状態や手段を尋ねる疑問副詞です。文脈によって訳し分けましょう。où や quand と同様、状況を表す補佐的な位置に入り、やはり3つの疑問文のつくり方があります（→ p.57）。

例文

| イントネーションによる疑問文 | 倒置による疑問文 |

コマン　　テュ　ヴァ　ア　ラ　ファック　　　　　　コマン　　　　　ヴァ　テュ　ア　ラ　ファック

Comment tu vas à la fac ? = **Comment vas-tu à la fac ?**

きみはどうやって大学に行く？　　　　　　きみはどうやって大学に行く？

使ってみよう

実際の会話ではつぎのように使われます。

アラン
Alain

コマン　　テュ　ヴァ　ア　ラ　ファック

Comment tu vas à la fac ?

きみはどうやって大学に行く？

ユーコ
Yuko

ジ　ヴェ　アン　ビュス

J'y vais en bus.

わたしはバスで行くわ。

語彙・表現

- la fac(= la faculté) ラ ファック ラ ファキュルテ 名女 （大学の）学部、大学
- y イ 代 そこに ● en bus アン ビュス バスで

書いてみよう

つぎの例文を書いて覚えましょう。

❶ Comment ça va, ta mère ?
コマン　　　　サ　ヴァ　タ　メール

きみのお母さんは元気かい？

Comment ça va, ta mère ?

ヒント イントネーションによる疑問文です。

❷ Comment s'écrit votre nom ?
コマン　　　　セクリ　ヴォートル　ノン

あなたのお名前はどう書くのですか？

Comment s'écrit votre nom ?

語彙 動 s'écrire「書かれる、つづられる」
セクリール

ヒント 主語と動詞の倒置による疑問文です。

聞き取ろう DL 3_36

音声を聞いて例文を書き取りましょう。

❶
_____

ごきげんいかがですか？

ヒント この場合の動詞 aller は「体の具合がよい」という意味です（→ p.106）。この例文は主語と動詞 の倒置による疑問文です。

❷
_____

きみはどうやって教会に行きますか？

語彙 名 女 l'église「教会」
レグリーズ

ヒント イントネーションによる疑問文です。

❶は « Ça va ? »
サ　ヴァ
のもっとも丁寧な
言い方です。

解答

❶ Comment allez-vous ? ❷ Comment tu vas à l'église ?
コマン　タレ　ヴ　　　　　　コマン　テュ　ヴァ　ア　レグリーズ

どのくらい〜ですか **疑問副詞 combien**

DL 3_37

量や金額を尋ねるフレーズを覚えましょう。

コンビヤン　　　サ　フェ
Combien ça fait ?

疑問副詞　　　　主語　　動詞

これは　いくら　ですか？

Point 1 　疑問副詞 combien の使い方

combien は「いくら」という量や額を表す疑問副詞です。où や quand と同様、状況を表す補佐的な位置に入り、やはり3つの疑問文のつくり方があります（→ p.57）。

例文

イントネーションによる疑問文		イントネーションによる疑問文

コンビヤン　　サ　フェ　　　　　　　　　　　　サ　フェ　コンビヤン
Combien ça fait ? = **Ça fait combien ?**

これはいくらですか？ 　　　　　　　　　これはいくらですか？

＊上記の例文はどちらもイントネーションによる疑問文です。

なお、combien de ＋無冠詞名詞で「どれだけの〜（数・量）」と尋ねることができます。つぎの会話で確認しましょう。

使ってみよう

実際の会話ではつぎのように使われます。

ル　　マルシャン
Le marchand　　ヴ　　ヴレ　コンビヤン　ドゥ　ボム
商人　　　　　　**Vous voulez combien de pommes ?**
　　　　　　　　リンゴはどのくらいご入用ですか？

アユミ
Ayumi　　アン　キロ　スィル　ヴ　プレ　　コンビヤン　サ　フェ
　　　　　Un kilo, s'il vous plaît. Combien ça fait ?
　　　　　リンゴ1キロください。これはいくらですか？

語彙・表現

- ル　マルシャン　　ラ　マルシャーンド
  le marchand / la marchande　名 商人、販売業者
- コンビヤン　ドゥ
  combien de ＋無冠詞名詞　どれだけの〜（数も量も問える）
- ユヌ　ボム
  une pomme　名 女 リンゴ

書いてみよう

つぎの例文を書いて覚えましょう。

❶ Combien de frères et sœurs avez-vous ?
（コンビヤン　ドゥ　フレール　エ　スール　アヴェ　ヴ）

ごきょうだいは何人ですか？

Combien de frères et sœurs avez-vous ?

表現 frères et sœurs「兄弟姉妹」（フレール エ スール）

ヒント 倒置による疑問文です。

❷ C'est combien ?
（セ　コンビヤン）

これはいくらですか？

C'est combien ?

ヒント « Combien ça coûte ? »（コンビヤン サ クット）と « C'est combien ? »（セ コンビヤン）はひとつのものの値段を尋ねるときに、« Ça fait combien ? »（サ フェ コンビヤン）はトータルの値段を尋ねるときに使う表現です（→ p.115）。

聞き取ろう
DL 3_38

音声を聞いて例文を書き取りましょう。

❶はエリジョンに注意ですね（→ p.27）。

❶ _____

どのくらいの（数または量の）オレンジが欲しいですか？

語彙 動 une orange「オレンジ」（ユ ノロンジュ）

ヒント イントネーションによる疑問文です。

❷ _____

これはいくらですか？

ヒント イントネーションによる疑問文です。

解答

❶ Vous voulez combien d'oranges ?（ヴ ヴレ コンビヤン ドロンジュ） ❷ Combien ça fait ?（コンビヤン サ フェ）

理由を尋ねるフレーズを覚えましょう。

プルコワ　　　　　ヴ　　　　ヴネ　　　　アン　　　フラーンス

Pourquoi vous venez en France ?

疑問副詞　　　　　　　主語　　　　　　動詞　　　　　場所を表す状況補語

あなたは　どうして　フランスに　来たのですか？

Point 1 　疑問副詞pourquoi の使い方

プ ル コ ワ

pourquoi は「どうして〜ですか」という理由を尋ねる疑問副詞です。où や
quand などと同様、状況を表す補佐的な位置に入り、やはり3つの疑問文の
つくり方があります（→ p.57）。冒頭の例文はイントネーションによる例文
ですが、倒置による疑問文はつぎのようになります。

倒置による疑問文

例文

プルコワ　　　　　ヴネ　　　　ヴ　　　アン　　フラーンス

Pourquoi venez-vous en France ?

あなたはどうしてフランスに来たのですか？

なお、答えるときは、parce que(qu')「なぜなら〜だからです」を使います。つぎ
の会話で確認しましょう。

パルスク

使ってみよう

実際の会話ではつぎのように使われます。

ラジャン　　　　プルコワ　　ヴ　　　ヴネ　　アン　　フラーンス
L'agent　**Pourquoi vous venez en France ?**

入国係官　あなたはどうしてフランスに来たのですか？

エミ　　　　パルス　　　ク　ジュ　ヴ　　　アプラーンドル　　ル　　フランセ
Émi　**Parce que je veux apprendre le français.**

（なぜならわたしは）フランス語を学びたいからです。

語彙・表現

ラジャン
●l'agent　名 男 入国係官　●en France　フランスに
アン　フラーンス

アプラーンドル　ル　フランセ
●apprendre le français　フランス語を学ぶ

書いてみよう

つぎの例文を書いて覚えましょう。

❶ Pourquoi tu ne travailles pas ?
プルコワ　テュ　ヌ　トラヴァイユ　パ

きみはどうして勉強しないの？

Pourquoi tu ne travailles pas ?

❶は否定疑問文の形ですね（→ p.61）。

> **語彙** 動 travailler「働く、勉強する」（第1群規則動詞）

❷ Parce que je n'aime pas l'anglais.
パルス　ク　ジュ　ネム　パ　ラングレ

英語が好きではないからです。

Parce que je n'aime pas l'anglais.

> **語彙** 動 aimer「〜が好き」（→ p.102）　名 男 l'anglais「英語」（冠詞がついて教科・学問を示しています→ p.146）

 ## 聞き取ろう　DL 3_40

音声を聞いて例文を書き取りましょう。

❶ _____

あなたはどうしてパリに来たのですか？

> **語彙** 動 venir「来る」（→ p.110）

❷ _____

ここで働きたいからです。

> **語彙** 動 travailler「働く」（第1群規則動詞）　副 ici「ここで」

Chapitre 3　フランス語の重要フレーズ

解答

🎧 ❶ Pourquoi venez-vous à Paris ? ❷ Parce que je veux travailler ici.
プルコワ　ヴネ　ヴ　ア　パリ　　パルス　ク　ジュ　ヴ　トラヴァイエ　イスィ

種類や性質を尋ねるフレーズを覚えましょう。

Quelle heure（ケル ルール） est-il（エ ティル） ?

疑問形容詞＋名詞　　　　動詞 être（エートル）　主語

（いま）何時 ですか？

Point 1 　疑問形容詞quel（ケル） の使い方

quel（ケル） は名詞について「どんな〜」という意味になる疑問形容詞です。形容詞なので、名詞の性と数に一致させます（→ p.41）。男性単数形が quel、女性単数形が quelle（ケル）、男性複数形が quels、女性複数形が quelles（ケル） です。

 例文

Quel temps fait-il（ケル タン フェ ティル） ?

どんな天気ですか？

Quel âge as-tu（ケ ラージュ ア テュ） ?

きみは何歳ですか？

使ってみよう

実際の会話ではつぎのように使われます。

Kumi（クミ）　**Quelle heure est-il（ケル ルール エ ティル） ?**

いま何時ですか？

Gille（ジル）　**Il est cinq heures et quart.（イ レ サン クール エ カール）**

5時15分です。

 語彙・表現

- une heure（ユヌ ウール）　名女 時間／〜時
- et quart（エ カール）　15分

書いてみよう

つぎの疑問形容詞をなぞり書きしましょう。

男性単数	女性単数	男性複数	女性複数
ケル quel	ケル quelle	ケル quels	ケル quelles

どんな〜

聞き取ろう DL 3_42

音声を聞いて例文を書き取りましょう。

❶ _____

何時ですか？

ヒント ウール heure「時間」は女性名詞です。

❷ _____

どんな天気ですか？

ヒント タン temps「天気」は男性名詞です。

❸ _____

（年齢は）おいくつですか？

ヒント アージュ âge「年齢」は男性名詞です。

> 発音は全部「ケル」だから、
> 名詞の性と数をよく考えて
> くださいね。

解答

❶ ケ ルール エ ティル Quelle heure est-il ? ❷ ケル タン フェ ティル Quel temps fait-il ? ❷ ケ ラージュ アヴェ ヴ Quel âge avez-vous ?

イラスト単語集

le corps （ル コール） 身体

DL 4_01

l'épaule （レポール） 肩

les cheveux （レ シュヴー） 髪

le visage （ル ヴィザージュ） 顔

la tête （ラ テット） 頭

l'oreille （ロレイユ） 耳

le cou （ル クー） 首

la poitrine （ラ ポワトリーヌ） 胸

la main （ラ マン） 手

le bras （ル ブラ） 腕

le nez （ル ネ） 鼻

l'œil （ルイユ） (les yeux) （レ ズィユー） 目（両目）

le dos （ル ド） 背中

la bouche （ラ ブーシュ） 口

le ventre （ル ヴァーントル） 腹

le doigt （ル ドワ） 指

la jambe （ラ ジャーンブ） 脚

le pied （ル ピエ） 足

l'homme （ロム） 男性

la femme （ラ ファム） 女性

la famille 家族
ラ ファミーユ

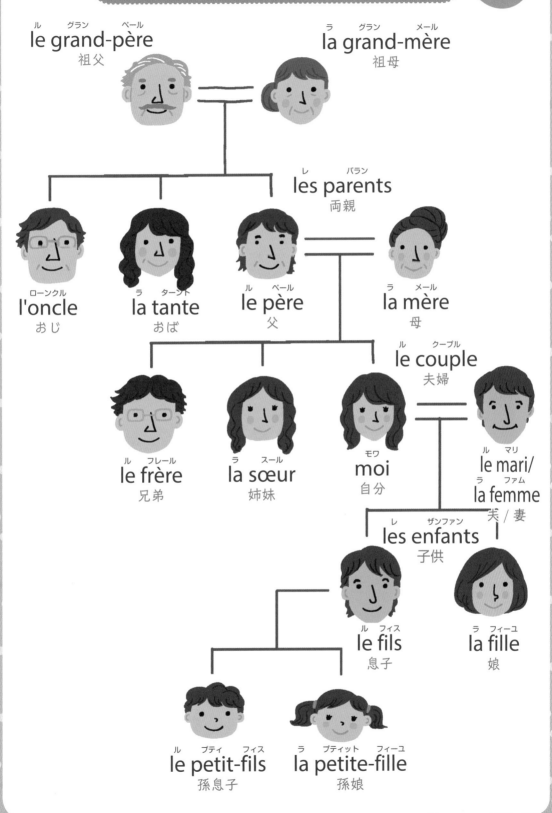

le grand-père — ル グラン ペール — 祖父

la grand-mère — ラ グラン メール — 祖母

les parents — レ パラン — 両親

l'oncle — ローンクル — おじ

la tante — ラ ターント — おば

le père — ル ペール — 父

la mère — ラ メール — 母

le couple — ル クーブル — 夫婦

le frère — ル フレール — 兄弟

la sœur — ラ スール — 姉妹

moi — モワ — 自分

le mari/ la femme — ル マリ/ ラ ファム — 夫 / 妻

les enfants — レ ザンファン — 子供

le fils — ル フィス — 息子

la fille — ラ フィーユ — 娘

le petit-fils — ル プティ フィス — 孫息子

la petite-fille — ラ プティット フィーユ — 孫娘

ラ　スープ
la soupe
スープ

ル　パン
le pain
パン

ラ　サラード
la salade
サラダ

ラ　ヴィヤーンド
la viande
肉

ル　ポワソン
le poisson
魚

ル　ヴァン
le vin
ワイン

ル　カフェ
le café
コーヒー

ル　テ
le thé
紅茶

ル　クトー
le couteau
ナイフ

ラスィエット
l'assiette
皿

ラ　フルシェット
la fourchette
フォーク

ラ　キュイエール
la cuillère
スプーン

ル　ガトー
le gâteau
ケーキ

アン　サック
un sac
バッグ、かばん

アン　シャポー
un chapeau
帽子

アン　パラプリュイ
un parapluie
傘

ユヌ　シュミーズ
une chemise
シャツ

ユヌ　ローブ
une robe
ワンピース

ユヌ　ヴェスト
une veste
ジャケット

ユヌ　ジュップ
une jupe
スカート

アン　パンタロン
un pantalon
パンツ

ユヌ　バーグ
une bague
指輪

アン　コリエ
un collier
ネックレス

デ　ショスュール
des chaussures
靴

153

la maison
ラ メゾン
家
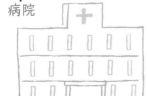

l'appartement
ラバルトゥマン
アパルトマン、マンション

l'hôtel
ロテル
ホテル

l'hôpital
ロピタル
病院

le restaurant
ル レストラン
レストラン

le café
ル カフェ
カフェ

le cinéma
ル スィネマ
映画館

le théâtre
ル テアートル
劇場

la boutique
ラ ブティック
ブティック

l'église
レグリーズ
教会

le château
ル シャトー
城

le musée
ル ミュゼ
美術館

la circulation 交通

ラ スィルキュラスィヨソ

ラエロポール
l'aéroport
飛行場

ラヴィヨン
l'avion
飛行機

ル トラン
le train
電車

ラ ガール ラ スタスィヨン
la gare/la station
電車の駅 / 地下鉄の駅

ル ビュス
le bus
バス

ル メトロ
le métro
地下鉄

ル ヴェロ
le vélo
自転車

ル タクスィ
le taxi
タクシー

ラ ヴォワテュール
la voiture
自動車

ル バトー
le bateau
船

155

les professions 職業

レ プロフェスィヨン

DL
4_07

ル プロフェスール
le professeur
教師

ランプロワイエ　ランプロワイエ
l'employé/l'employée
会社員

ル　メドサン
le médecin
医師

ランフィルミエ
l'infirmier/
ランフィルミエール
l'infirmière
看護師

レテュディヤン
l'étudiant/
レテュディヤーント
l'étudiante
学生

ル　キュイズィニエ
le cuisinier/
ラ　キュイズィニエール
la cuisinière
コック

ル　ポリスィエ　ラ　ポリスィエール
le policier/la policière
警官

ル　パティスィエ
le pâtissier/
ラ　パティスィエール
la pâtissière
パティシエ

ル　セルヴール
le serveur/
ラ　セルヴーズ
la serveuse
給仕

ル　ヴァンドゥール
le vendeur/
ラ　ヴァンドゥーズ
la vendeuse
店員

＊男性形と女性形のある名詞は男性形 / 女性形の順で表記しています。

le ciel
空

le soleil
太陽

la montagne
山

le nuage
雲

la mer
海

la rivière
川

la pluie
雨

la neige
雪

le chien/la chienne
犬

l'arbre
木

l'oiseau
鳥

le chat/la chatte
猫

la fleur
花

parler ～を話します（→ p.44）
パルレ

ジュ　パルル	ヌ　　パルロン
je parle	nous parlons
テュ　パルル	ヴ　　パルレ
tu parles	vous parlez
イル　パルル	イル　　パルル
il parle	ils parlent
エル　パルル	エル　　パルル
elle parle	elles parlent

＊第Ⅰ群規則動詞（-er 動詞）

aimer ～が好きです（→ p.102）
エメ

ジェム	ヌ　　ゼモン
j'aime	nous_aimons
テュ　エム	ヴ　　ゼメ
tu aimes	vous_aimez
イ　レム	イル　　ゼム
il_aime	ils_aiment
エ　　レム	エル　　ゼム
elle_aime	elles_aiment

＊第Ⅰ群規則動詞（-er 動詞）

être ～です（→ p.45, p.82）
エートル

ジュ　スュイ	ヌ　　ソム
je suis	nous sommes
テュ　エ	ヴ　　ゼット
tu es	vous_êtes
イ　レ	イル　　ソン
il_est	ils sont
エ　　レ	エル　　ソン
elle_est	elles sont

avoir ～を持っています（→ p.45, p.98）
アヴォワール

ジェ	ヌ　　ザヴォン
j'ai	nous_avons
テュ　ア	ヴ　　ザヴェ
tu as	vous_avez
イ　ラ	イル　　ゾン
il_a	ils_ont
エ　　ラ	エル　　ゾン
elle_a	elles_ont

aller 行きます（→ p.106）
アレ

ジュ　ヴェ	ヌ　　ザロン
je vais	nous_allons
テュ　ヴァ	ヴ　　ザレ
tu vas	vous_allez
イル　ヴァ	イル　　ヴォン
il va	ils vont
エル　ヴァ	エル　　ヴォン
elle va	elles vont

venir 来ます（→ p.110）
ヴニール

ジュ　ヴィヤン	ヌ　　ヴノン
je viens	nous venons
テュ　ヴィヤン	ヴ　　ヴネ
tu viens	vous venez
イル　ヴィヤン	イル　　ヴィエンヌ
il vient	ils viennent
エル　ヴィヤン	エル　　ヴィエンヌ
elle vient	elles viennent

faire フェール 〜します
〜をつくります（→ p.114）

ジュ フェ **je fais**	ヌ フゾン **nous faisons**
テュ フェ **tu fais**	ヴ フェット **vous faites**
イル フェ **il fait**	イル フォン **ils font**
エル フェ **elle fait**	エル フォン **elles font**

savoir サヴォワール 〜を知っています
〜できます（能力）（→ p.118）

ジュ セ **je sais**	ヌ サヴォン **nous savons**
テュ セ **tu sais**	ヴ サヴェ **vous savez**
イル セ **il sait**	イル サーヴ **ils savent**
エル セ **elle sait**	エル サーヴ **elles savent**

pouvoir プヴォワール 〜できます（可能）
〜してもよいです
〜してもらえますか（→ p.122）

ジュ プ **je peux**	ヌ プヴォン **nous pouvons**
テュ プ **tu peux**	ヴ プヴェ **vous pouvez**
イル プ **il peut**	イル プーヴ **ils peuvent**
エル プ **elle peut**	エル プーヴ **elles peuvent**

vouloir ヴロワール 〜が欲しいです
〜したいです（→ p.126）

ジュ ヴ **je veux**	ヌ ヴロン **nous voulons**
テュ ヴ **tu veux**	ヴ ヴレ **vous voulez**
イル ヴ **il veut**	イル ヴール **ils veulent**
エル ヴ **elle veut**	エル ヴール **elles veulent**

devoir ドゥヴォワール 〜しなくてはいけません
〜のはずです（→ p.130）

ジュ ドワ **je dois**	ヌ ドゥヴォン **nous devons**
テュ ドワ **tu dois**	ヴ ドゥヴェ **vous devez**
イル ドワ **il doit**	イル ドワーヴ **ils doivent**
エル ドワ **elle doit**	エル ドワーヴ **elles doivent**

動詞の活用は
フランス語の基本です。
しっかり覚えましょう。

著者
白川理恵（しらかわ　りえ）
航空会社勤務を経て、上智大学大学院文学研究科フランス文学専攻博士後期課程修了、博士（文学）。現在、上智大学、城西大学、大妻女子大学ほか非常勤講師を務める。専門は18世紀フランス文学、とくにジャン＝ジャック・ルソーの文学作品における思想と芸術。著書に『オールカラー 基礎から学べる はじめてのフランス語文法』（ナツメ社）、共著に『近代フランス小説の誕生』（水声社）『ルソー論集 ルソーを知る、ルソーから知る』（中央大学出版部）、共訳書に『ブルターニュ古謡集 バルザス・ブレイス』（彩流社）などがある。

イラスト
秋葉あきこ

ナレーション
野村富美江／Uzan Julien Victor／Bodin Emmanuelle

編集担当
遠藤やよい（ナツメ出版企画株式会社）

本書に関するお問い合わせは、書名・発行日・該当ページを明記の上、下記のいずれかの方法にてお送りください。電話でのお問い合わせはお受けしておりません。
・ナツメ社 web サイトの問い合わせフォーム
https://www.natsume.co.jp/contact
・FAX（03-3291-1305）
・郵送（下記、ナツメ出版企画株式会社宛て）
なお、回答までに日にちをいただく場合があります。正誤のお問い合わせ以外の書籍内容に関する解説・個別の相談は行っておりません。あらかじめご了承ください。

音声DL版　オールカラー
超入門！ 書いて覚えるフランス語ドリル

2024年1月5日　初版発行

著　者　白川 理恵　©Shirakawa Rie, 2024
発行者　田村正隆
発行所　株式会社ナツメ社
東京都千代田区神田神保町 1-52
ナツメ社ビル1F（〒101-0051）
電話 03-3291-1257（代表）　FAX 03-3291-5761
振替 00130-1-58661
制　作　ナツメ出版企画株式会社
東京都千代田区神田神保町 1-52
ナツメ社ビル3F（〒101-0051）
電話 03-3295-3921（代表）
印刷所　ラン印刷社

ISBN978-4-8163-7467-8　Printed in Japan
〈定価はカバーに表示してあります〉〈乱丁・落丁本はお取り替えします〉
本書の一部または全部を著作権法で定められている範囲を超え、ナツメ出版企画株式会社に無断で複写、複製、転載、データファイル化することを禁じます。

本書は弊社既刊『CD付き オールカラー 超入門！ 書いて覚えるフランス語ドリル』をもとに、音声をダウンロード形式に変更しております。

ナツメ社Webサイト
https://www.natsume.co.jp
書籍の最新情報（正誤情報を含む）はナツメ社Webサイトをご覧ください。